Dietmar Haiduk

Blogistiv 1.0

Bibliografische Information der Deutschen Nationalbibliothek
Die Deutsche Nationalbibliothek verzeichnet diese Publikation in der
Deutschen Nationalbibliografie; detaillierte bibliografische Daten sind
im Internet über http://dnb.d-nb.de abrufbar.

Herstellung und Verlag: Books on Demand GmbH, Norderstedt
ISBN: 978-3-8370-2398-5
Copyright: Dietmar Haiduk, 2008
Fotos, Texte, Gestaltung und Satz: Dietmar Haiduk

Leseproben auf www.blogistiv.probelesen.info

Dietmar Haiduk

Blogistiv 1.0

Notizen eines Jahres

Foto: Marc Wiesenthal

Dietmar Haiduk studierte Regie an der Filmhochschule in Babelsberg. Anschließend folgte eine freiberufliche Arbeit als Dokumentarfilmregisseur und Autor, in den letzten Jahren außerdem als Eventmanager (www.hevents.de)

2007 veröffentlichte Dietmar Haiduk den Erzählband *Mein Sommer mit Marleen.*

mehr: *www.blog.dietmarhaiduk.de / www.probelesen.info*

Unser Leben wird *blogistiver*. Ein neues Wort steht für eine neue Art zu leben: Erfahrungen bleiben nicht mehr nur uns selbst vorbehalten oder werden im Kreis enger Freunde ausgetauscht. Längst werden Erlebnisse auch im weltweiten Netz öffentlich diskutiert oder hinterfragt und dabei mit Tausenden von Menschen geteilt.

Das Tagebuch *Blogistiv 1.0 - Notizen eines Jahres* ist, einem Weblog ähnlich, mehrfach strukturiert. Der Leser kann sich durch unterschiedliche Themen scrollen: von den Erlebnissen während eines plötzlichen Klinikaufenthaltes bis zu Erfahrungen rund um den G8-Gipfel in Heiligendamm, von Gedanken über *Freundschaft* und *Punkrock* bis zu den Sehnsüchten in einer Stadt, wie Venedig.

In den sehr persönlichen Aufzeichnungen geht es immer wieder um eine Frage: Wie verdichtet sich das, was wir tagtäglich erleben, zu jenen bleibenden Erfahrungen, über die wir irgendwann *schreiben müssen*, weil wir sie *erzählen wollen*, um uns auch noch Jahre später an sie *erinnern zu können*.

2. Januar
Schreiben, jenseits des Lebens.

Schreiben beginnt mit Begreifen, nie vorher.

In einem jener Momente, in dem das eigene Leben einen Grenzpunkt zu überschreiten beginnt und man spürt, dass einen irgendetwas nicht mehr so weiterleben lässt wie bisher, beginnt man zu schreiben. Und sei es nur, um sich später erinnern zu können, was einen einst in dieses neue Leben, diese neue Welt voller Fantasien, getrieben haben mag.

Diese Welt, die nun beginnt, heißt fortan Einsamkeit, heißt: stunden-, tage-, nächtelang an einem Schreibtisch sitzen und alles um sich herum vergessen. Das Banalste immer zuerst, nämlich dass man eigentlich noch Brot holen wollte, bevor das Wochenende beginnt, und dass man also wieder einmal mit leerem Kühlschrank und leerem Magen die Stunden fristen wird.

Schreibansätze liegen in solchen kleinen Ausnahmezuständen. Wo ein Leben in anderer, neuer Form ansetzt, setzt auch *Schreiben* an und wirbelt erst recht alles durcheinander.

9

Eine Welt, die man zu teilen gezwungen ist, ist die Folge. Nichts gehört einem ab jetzt noch selbst. Seite für Seite eng beschriebenen Papiers, jede mit Hilfe von Worten aus der Tiefe des eigenen Nachdenkens hervorgeholte Erinnerung. Alles liegt auf dem Tisch, zunächst nur vor Freunden, später vor Hunderten und Tausenden von Lesern, auf die man seit Jahren hofft.

Wenn es diese Leser aber irgendwann wider Erwarten nicht gegeben haben wird, wird man immer noch schreiben. Vielleicht ärgert man sich dann erst recht über den, Zahnschmelz vernichtenden, harten Brotkanten, der sich auch diesmal, und dann wohl zum Glück, noch in der Küche finden ließ. Übrigens wieder einmal lange nachdem der Grenzpunkt zum Wochenende bereits überschritten war.

Aber diesmal wird man sich über das Gefundene wundern. Nichts wird einem mehr geblieben sein, als langsam und beharrlich den Kanten zu kauen, bis er sich fühlbar aufweicht und alles im Mund auszufüllen scheint: klebrig, dick, sich unaufhaltsam vermehrend. Als wolle irgendetwas nicht davon lassen uns weis zu machen, es wäre wahr, dass der Mensch zuerst essen muss, bevor er denken kann.

All das geschieht, während man gleichzeitig ein weiteres Blatt Papier nimmt, dieses mit einer energischen Bewegung des Handrückens sauber wischt von allen störenden Krumen des banalen Lebens und das Blatt quasi der Schreibplatte, glatt gestrichen, einverleibt. So beginnen alle neuen Geschichten.

Diesmal wird sie wohl erzählen vom Essen, von üppig gefüllten Kühlschränken und hoffentlich nie beginnenden Wochenenden. Und dann, während man vor sich hin schreibt, wartet man auf den Montag, um endlich hinauslaufen und sehen zu können, was das alte, vormalige Leben dort draußen, in jener fernen Welt und in der abgelaufenen Zeit, alles bewirkt haben mag, was man sich in seiner Fantasie nie erträumt hätte ...

Schreiben, jenseits des eigenen Lebens, kann, soll es Sinn machen, nur ans Leben heranführen.

4. Januar
Schreibstoffe

Mit der ewigen Suche nach Geschichten beginnt jedes neue Jahr: sitzend an einem aufgeräumten Tisch, den kleinen Stapel weißes, unbeschriebenes Papier darauf und den Füllfederhalter akkurat an seinem Rand ausgerichtet.

So ritualisiert bekommt das - in meiner Wohnung nur noch eine sträfliche Existenz fristende - ältliche Schreibgerät einmal im Jahr seine Chance: eine halbe Stunde schreiben zu dürfen, knirschend übers Papier schwingend, dabei immer auch die Lust am Vollklecksen auskostend, um dann für weitere 364 Tage in einer dunklen, staubigen Schublade zu verschwinden - in voller Gewissheit, erst nach Ablauf eines weiteren Jahres wieder von trockener Tintenkruste befreit zu werden.

Mit meinen alljährlich hämischen Gedanken (*Das wird's gleich wieder für dieses Jahr gewesen sein, alter Füller!*) beginnt also auch dieses Jahr der Versuch, Erlebtes in Geschichten noch einmal aufleben zu lassen. Ein Thema steht ganz weit oben auf meinem Zettel, eine Geschichte, um die sich seit Jahren immer wieder alles zu drehen scheint, im Leben und im Schreiben über das Leben. Es ist die Geschichte von L. und T.

Über Jahre hinweg kreuzen fremde Menschen mitunter unseren Weg, die wir nur vom Wegsehen kennen: Trinker, Schnorrer, Punks. Unter ihnen könnte eines Tages auch L. gewesen sein - 20, ein Schmuddelpunk, dreckig, verasselt, ohne Job und hoch intelligent. Ein wildes Kind inmitten einer Großstadt, das in einem Abrisshaus lebt, fünfzehn Biere am Tag säuft, auch sonst alles trinkt, was zu erahnen und zu brauchen ist, um auf einen vermeintlich guten Trip zu kommen und der, als er mir über den Weg läuft, das Reden verlernt hat. Er hat es einfach verlernt, ganze Sätze zu formulieren. Ein Kerl, dem man in jenen Momenten sekundenlang gegenübersitzen und sehen kann, wie seine Lippen versuchen, Worte zu finden. Der aber am Ende doch nur mit einer Handbewegung den Tisch vor sich leer fegt, um mit der flachen Stirn auf die Holzplatte zu schlagen - weil er das, was er sagen will, nicht anders aus seinem Kopf herausbekommt.

Und dann würde es wohl passieren: Der Kerl wird - weil nie Folgen seines Tuns bedenkend - mit seinem Mädchen, 19, ebenfalls Punk und seit Jahren schon auf Bahnhöfen unterwegs, ein Kind bekommen. Er verlässt daraufhin das Abrisshaus und zieht zu ihr in die nun gestellte Sozialwohnung. Wo beide, mit Schrankwänden und Stehlampen vom Sozialamt ausgestattet, sich ein Heim einrichten, wie sie es aus ihrer Erinnerung an die Wohnungen der Eltern kennen, wo aber der Widerspruch zwischen dem jahrelangen Leben im Dreck und dem Dasein in einer Jungfamilie nicht deutlicher werden könnte.

Dort, wie nicht anders zu erwarten, beginnt das monatelange, unglückliche Spiel, das meist im Streit und damit also nicht anders endet, als in sozial etablierten Familien. Das Mädchen, längst zur Frau geworden - immer noch Punk, wenn auch weg von der Straße - sitzt allein mit dem Kind zu Hause, wenn der Freund täglich zurückkehrt zu den Saufkumpanen im nahen Abrisshaus.

Auch das kennt man: Dann holt sie ihn dort wieder und wieder ab, bis sie ihn schließlich endgültig aus der gemeinsamen Wohnung wirft. Irgendwann aber kehrt er reumütig zurück oder seine Saufkumpanen stehen der Reihe nach vor ihrer Tür, um das Glück ihres Ex-Kumpanen erneut zu kitten und Fürbitte für ihn zu versuchen.

13

Beide scheitern letztendlich, geben sich Zwängen hin oder ganz auf. Der Typ muss begreifen, dass er sein Kind nicht nur auf einen Packen Zeitungen legen und schreien lassen kann. Dass er verzichten muss auf seine Art zu leben, wenn er besser sein will, als die eigenen Eltern und sich sein Kind später nicht nur an Bestrafungen mit Brot und Wasser erinnern soll.

Aber was würde das heißen: zu verzichten auf die eigene Art zu leben, für jemanden, der fünf Jahre lang ein wildes, grenzenloses, extremes Leben führt und am Ende sieht, dass die so vertane Zeit nie wieder aufzuholen sein wird? Heißt das vor allem, in wenigen Monaten einen Wandel zu vollziehen, der nichts übrig lässt vom einstigen, wilden Kind? Und wie beständig, wie ausdauernd, ist jener rebellische Geist tief in uns? Wie sehr sind wir wirklich von dieser Art zu leben erfüllt oder haben wir uns nur täuschen lassen von einem unbestimmten Protest gegen alles Ältere, der von uns Besitz ergriff, nur weil wir selbst älter wurden? Kaputt reden, was wir selbst als bedrohlich empfinden? Was wird, wenn wir begreifen, dass Konfrontation uns eigentlich immer fremd war und wir uns nie wirklich danach sehnten, der Mitte und der Gleichmut allen Lebens um uns herum zu entkommen?

So hätten wir also den Sinn nach Harmonie nie aufgegeben, nach jenem Urzustand, den wir das letzte Mal für ein paar Monate, sicher umhüllt vom Leben unserer Mutter, in ihr erfahren durften?

Wie sehr ist der Sinn des Lebens an Harmonie in diesem Leben gebunden? Braucht sinnvolles Leben wirklich Harmonie? Nicht in der Auseinandersetzung mit umgebender Realität, wohl aber im eigenen Sein.

12. Januar
Wild, extrem, dreckig

1 Würde ich dies aufschreiben - Arbeitstitel *Abriss-leben* - könnten es nur wilde, extreme Geschichten sein, sehr real, sehr dreckig, sehr beängstigend. Über eine Beziehung, deren Gefühle noch nicht am Boden liegen, aber knapp darüber durcheinandergewirbelt werden, wie in einem Blizzard.

Szenen, in denen Gefühle verkümmert sind, weil sie über Jahre als uncool verdrängt wurden. Wo der Kerl sich wieder und wieder nach anderen Frauen umschaut, während seine eigene Tochter gerade einmal drei Wochen auf der Welt ist.

Wie weit darf die Freiheit eines durch die Straßen der Stadt schnorrenden Menschen gehen, sich keinen Grenzen - moralischen, ethischen, emotionalen - unterzuordnen? Und im Gegenzug: Wie lange kann sich jemand, der sich auf dieses Spiel einlässt (Freundin, Geliebte und Mutter der eigenen Tochter), sich einem Spiel ausliefern, dessen Regeln sich an nichts halten, was man selbst für wichtig hält?

Also sei auch danach gefragt: Wie weit stellt uns der ewige Wunsch, alles im Leben besser, unabhängiger, freier, ungehemmter machen zu wollen, als jene, die es vor uns versucht haben, außerhalb dessen, was wir eigentlich brauchen, um am Leben noch teilnehmen zu können? Außerhalb von Zuneigung, Geborgenheit, Zuwendung, Fürsorge, Verantwortung. Und wie lange kann ein Umfeld das tolerieren, mitspielen oder zum Verbündeten werden? Wie sehr kann eigene Grenzenlosigkeit gemeinsames Leben mit anderen zerstören?

Am Ende der zu erzählenden Geschichte würden die Fragen drängender, bis sich alle Zweifel, Skepsis und jeglicher Widerspruch in einer einzigen Frage bündeln: Kann man einen Menschen lieben, der nicht zurückschrecken würde, die Mutter seines Kindes zu schlagen, weil sie ihm widerspricht? Kann man also noch lieben, wer den Schmerz anderer Menschen billigend in Kauf nimmt?

Gefühl
Liebe
Abgrund

Wie tief geht und wie dauerhaft hält Liebe? Wie sehr braucht es dieses Gefühl, Menschen vom Abgrund fernzuhalten. Und wann stürzen wir uns selbst in diese unendliche Tiefe, aus der uns nichts und niemand mehr ans Licht holen könnte? Außer das Gefühl, von einem anderen Menschen geliebt zu werden.

19. Januar
Es wird ernst.

Ich habe heute die ersten Seiten dieser Punkerge-schichte geschrieben: *Abrissleben*. Ich glaube immer mehr, mich damit in den nächsten Wochen be-schäftigen zu müssen. In den letzten Jahren hat sich so viel an Erlebtem angestaut, es drängt, auf-geschrieben zu werden und die verbindende Linie ist nicht schwer zu finden: dass man sich immer wieder dagegen zur Wehr setzen muss, in fest gefügten Bahnen zu leben, zu arbeiten und zu existieren. Dagegen, in Schubladen gepackt zu werden. Dass man sich das Recht erstreiten muss auf Freiheit im Denken und Handeln. Und dass das alles eine langwierige Gratwanderung zwi-schen dem Wunsch, nach eigenen Maßstäben zu leben und der Gefahr, sich selbst auszugrenzen und gemieden zu werden, bedeuten kann.

22. Januar
Besser, als erwartet.

Es geht erstaunlich gut voran. In den letzten bei-den Tagen habe ich zwanzig Seiten geschrieben. Ich will das jetzt zu Ende bringen, auch wenn so viele andere Ideen anstehen. Das Schwierigste ist, über einen langen Zeitraum von Monaten mit den Fantasiefiguren einer solchen Geschichte zu leben.

8. Februar
Heimweh

Ein wunderschöner, frühlingshafter Sonntag. Ich war mit F. am Ruinenberg. Erste Vögel, blauer Himmel, sich in sanften Hügeln hinziehende Landschaft, keine zehn Minuten von meiner Wohnung in der Innenstadt entfernt. Das erste Mal genieße ich Natur pur in diesem Jahr. Dieser Platz wird mir fehlen, sollte ich tatsächlich einmal das Land verlassen. Mit einem Grinsen im Gesicht beschließe ich, mich - sollte es jemals dazu kommen - rechtzeitig vor Reiseaufbruch noch einmal nachts an diesen Ort zu schleichen.

Spaten und Eimer hätte ich unter einem viel zu weiten Mantel verborgen, um mir im Schein eines schwachen Mondes ein paar Handvoll heimischer Erde für jenen geträumten Ort in der Ferne in den Eimer zu schaufeln. Um später - wann immer ich will - meine Nase in dieses kleine Häuflein heimischen Bodens drücken und mich erinnern zu können, wie es an einem solchen Vorfrühlingssonntag in dieser Stadt gerochen haben mag.

Als ob ich das in der Ferne tatsächlich tun würde, dann längst den eisigen Wind und den modrigen Geruch einer südamerikanischen Hochebene in der Nase. Und längst auch wissend, dass sich jederzeit - auch ohne unser Zutun - Erinnerungen in unsere Sinne drängen - ob wir wollen oder nicht - ohne dass wir im Geringsten etwas dagegen unternehmen könnten. So sehr wir uns auch zwingen, uns wohlwollende Erinnerungen zurechtzulegen, um sie nicht zu vergessen und jederzeit abrufen zu können, so oft wir auch Gedanken und Geschehen für später auf jenen unsichtbaren Displays in Gehirnen notieren mögen ... Erinnerungen, die wir nicht wünschen, weil sie Unangenehmes zurückrufen, können wir dennoch nicht aussortieren.

Wir, als Menschen seit Jahrtausenden darauf bedacht, uns selbst bis ins Kleinste immer besser verstehen zu wollen, um uns immer besser im Griff zu haben, sind der Willkür von Erinnerungen noch immer ausgeliefert.

3 Durch nichts lässt sich doch verhindern, durch die Straßen dieser Stadt zu gehen und völlig unerwartet den Geruch einer vor zwanzig Jahren erlebten ekuadorianischen Straßenszene im Kopf zu haben. Menschen und Momente sind unbeherrschbar präsent.

Menschen Willkür Erinnerung

13. Februar
Schreiben als Mutprobe

Trotz dieser eher ernüchternden Erkenntnis: Manchmal hat der eine oder andere *geschriebene* Text es schon geschafft, sich auf Papier breitzumachen - ausgedruckt, um kurz danach irgendwo vergilbt zu enden oder um tatsächlich den Weg zwischen zwei leinene Buchrücken zu finden. Manchmal braucht es nicht nur den Mut, eine Geschichte einfach zu beginnen, sondern auch den Mut, sie zu Ende zu bringen.

Heute ist wieder mal ein Tag, eine neue Geschichte zu beginnen: Ich beschließe, Teil der Blogger-Gemeinschaft zu werden und eigene Weblogs im Weltweitnetz einzurichten - blog.dietmarhaiduk.de

14. Februar
Es geht los!

Eine andere Geschichte ist nun tatsächlich endlich einmal fertig, fünf Erzählungen in einem Band: *Mein Sommer mit Marleen.* Webseiten und Weblogs braucht es dann vor allem, um eine Ebene für Wahrnehmung zu schaffen und so zu kompensieren, was an Werbeetat fehlt. Um wenigstens auf diese Weise herausschreien zu können: *Ein neues Buch ist da, also nehmt es ruhig zur Kenntnis!*

Da solch ein Hinausposaunen sich verbietet, tauche ich Nacht für Nacht in eine neue Welt aus Webspace, Tags und html-Codes ein und mache mich fit: Ich habe die Domaines bestellt und mit dem Bauen der Webseiten begonnen. Es wird dauern, vielleicht drei, vier Wochen, aber es geht endlich los. Parallel beginnen die Arbeiten am Druck des Buches.

4

15. Februar
sich verkaufen

Die unvermeidliche Diskussion beginnt - was verkauft man: sich selbst als Autor? Das Buch als Projekt? Das Thema, das einem nahe ging? Geht es überhaupt um Verkaufen oder nicht vor allem darum, sich endlich die Seele frei zu schreiben, um andere teilhaben zu lassen und also darum, für diesen Vorgang der Entblößung die passende, möglichst effektive Form zu finden? Es wird ernst.

So müssen sich alpine Downhiller in jenem Moment fühlen, in dem sie sich aus dem vor Sturm schützenden Verschlag hinaus katapultieren und der Wind sie unweigerlich ins Tal ziehen wird. Immer in der Hoffnung, heil im Ziel anzukommen.

16. Februar
Leben im freien Fall

Ich habe Nachrichten im Weltweitnetz gelesen. Australien: Wie mag das sein, 10.000 Meter an einem Gleitschirm in die Höhe gerissen zu werden, fast eine Stunde lang Sturm und Hagelkörnern ausgesetzt zu sein, umhergewirbelt und dann, binnen Minuten, in die Tiefe gezogen zu werden? So, wie vor ein paar Tagen einer Schirmgleiterin in Australien geschehen und heute in den Zeitungen vermeldet.

Eine endlos lange Stunde zwischen Himmel und Hölle, zwischen Erde und Weltall gefangen sein, zum Spielball der Kräfte verdammt, als Teil der Urgewalten: Ist das ein Glücksmoment? Ist Glück immer das, wovon wir überzeugt sind, dass andere es so nie erleben würden? Koste dieser Egoismus auch das eigene Leben?

5

17. Februar
Leben aus zweiter Hand

Der triste Winter kehrt doch noch einmal zurück.
Mit Kälte und einem von dunklen Wolken verklei-
sterten Himmel. Ich habe keine Lust mich dem auszuliefern, ich vermeide es, zur *Berlinale* in den Stadt-
moloch zu fahren und entdecke dafür vor ein paar
Tagen eine höchst unterhaltsame Alternative: Die
Webseite der *Berlinale* überträgt Abend für Abend
als Live-Stream die Szenerie am *Roten Teppich* - ein-
einhalb Stunden Panik und Gerangel der Fotografen
und Kameramänner, das Geschrei der Filmfans, die
Vorfahrt der Stars. Es ist ein Mikrokosmos von
Sehnsüchten, Eitelkeiten und Laufsteg-Hysterie.
So läuft, während ich am Rechner arbeite, auf dem
zweiten Display zehn Tage lang meine eigene kleine
Filmpremiere ... A new film is born: *The Red Carpet*

2. März
Vom Sinn und Unsinn
einer Selbstauslöschung

Im Wartezimmer einer Arztpraxis sitzend, lausche ich einem Gespräch und höre so von Gedanken, dass es auch in einem ausgeprägten Alter von über dreißig Jahren noch möglich sei, seine durch Erziehung, Schule, Freunde, Job, Studium und soziales Umfeld geprägte Persönlichkeit radikal zu ändern und zu korrigieren. Man müsse sich dafür nur abkoppeln von umgebenden Freunden und Bekannten, um das fest gefügte Bild zu zerstören, das diese von einem hätten und einem selbst in einer Art Rückkoppelungseffekt über Reaktionen und Umgangsweise immer wieder erneut bestätigen würden.

Und man brauche, zweitens, nur die Welt, die man selbst um sich herum aufgebaut habe, *Hobbys, Wohnung, Urlaubsziele,* zu zerstören und radikal neue Ansätze zu suchen.

Nach anfänglicher Faszination und mit einem fast schelmischen Grinsen in den Mundwinkeln - so verblüffend einfach sei es also, aus diesem Leben noch etwas zu machen - besinne ich mich doch noch einmal und greife nach einem mitgebrachten Buch. Aber die Gedanken hängen fest.

Mir scheint: Wenn sich die Welt um mich herum so radikal ändern würde, warum müsste ich mich selbst dann noch ändern? Wenn die mich angeblich immer wieder bestätigenden Rückkopplungen meiner Freunde oder die mich in Zwängen festhaltende, umgebende Welt so sehr prägend für mich selbst sind, was garantiert mir denn dann in neuer Umgebung, mit neuen sozialen Bindungen, mich nicht ebenso schnell der Gefahr vermeintlich schädlicher Rückkopplung auszusetzen?

Bliebe uns Menschen dann letztendlich nichts anderes übrig, als immer wieder weiterzuziehen, unsere Zelte abzubrechen und Bindungen zu zerstören, um ja nur nicht der Gefahr der Einflussnahme zu unterliegen? Wären wir also irgendwann nur noch Umhergetriebene? Ist nicht gerade jene Reaktion von Freunden, Bekannten, Kollegen das, was uns auch im guten Sinn bestätigen könnte: Ja, wir liegen richtig, wir machen einen guten Job, wir sind witzig, fürsorglich, gesprächig, klug? Und umgeben wir uns nicht auch mit den Dingen um uns herum, weil sie uns selbst nach außen tragen: Zeigen, wer wir sind?

Nun ja, ein paar unliebsame Zeitgenossen vielleicht ausgenommen - denke ich an diesem Nachmittag und in diesem Wartezimmer - ein letztes Mal übrigens mit jenem beschriebenen schelmischen Grinsen in den Mundwinkeln. Denn das Lachen vergeht mir schon kurz darauf: Die Tür öffnet sich und ich bin der Nächste. Während ich mich erhebe, sehe ich nichts als dieses schrecklich gleisende, weiße Licht auf mich zukommen - haarscharf fokussiert auf jenen Punkt, jenen flachgestellten Ledersitz, auf dem ich mich - Zähne entblößend - der Gewalt meines Zahnarztes hingebe. Nichts würde mir in einem solchen Moment noch helfen, irgendwo in der Fremde meine Persönlichkeit aufgepeppt zu haben. Ich müsste überall nur mit dem klarkommen, was ich habe, also mit dem, was ich bin. Grins.

7. März
Stadt der Träume

6

Feine Freunde. Zum wiederholten Mal den Fernsehfilm gesehen. Seit Jahren verantwortet eine Freundin Make-up und Frisuren der Schauspieler am Set in Venedig. Jene Stadt - in der sie mehrere Monate im Jahr verbringt und die sie in die tägliche Gemeinschaft mit deren Menschen, Kneipen und Geschäften zwingt - hält sie allerdings für ausgereizt.

Venedig

Ich aber, noch nie in Venedig gewesen, verspüre immer wieder die Sehnsucht, dort zu leben. Eine Stadt als ewiger Traum - aber wohl nur für jene, die nie die Tristesse und Langeweile erfahren haben, die sich ausbreiten kann, wenn die Horden aus Tagestouristen das Städtchen wieder sich selbst und ihrer auf ewig präsenten Feuchtigkeit überlassen.

7

Unverbesserlich, wollen wir immer, was wir noch nicht kennen - der Reiz aller Träume. Wir sind immun gegen Warnungen und jede Skepsis, solange wir uns nicht selbst ein Bild gemacht haben. Darin bleiben wir wohl ewig Kind. Wir müssen uns die Hände verbrennen, um das Feuer zu meiden.

10. März
Golem

Habe heute mit B., Regisseur, über die Projekte gesprochen, die wir beide während der letzten Jahre verfolgt haben: *Blind Date, Hiddensee, Die Leiche lebt.* Und aus denen nichts wurde, aus nicht immer erklärbaren Gründen. So kam uns die Idee, angesichts der Nähe von U., einer nicht unerfolgreichen Schauspielerin, hier ganz in der Nähe lebend, eine Filmgeschichte für sie zu entwickeln.

Auf ein Gesicht hinschreiben, Geschichten um etwas herum formen - das wünscht man sich schon für sein eigenes Leben: Einmal die Chance haben dürfen, seine eigene Lebensgeschichte nach Wunsch zurechtzimmern zu können. Mit ein paar wohlgesetzten Überlegungen in aller Ruhe das Bild von sich puzzeln können. Taste für Taste am eigenen Rechner jene schon immer gewünschte Seite sich selbst hinzufügen. Nur um dann, mit einem befreienden Klick auf die Enter-Taste, das eigene Ebenbild in die Freiheit entlassen zu können.

Wäre es so, stünde die Welt wohl Kopf: *Schreiben* würde nicht dem Leben folgen, sondern das Leben selbst wäre vom Schreibenden nur geduldet. Leben wäre nichts weiter, als die Folge von Gedankenspielen an heimischer Tastatur.

Mir wird bange. Soll lieber alles bleiben, wie es ist. Lieber unvorhersehbar, aber doch nicht fremd bestimmt.

12. März
Ausgelöscht

Es ist merkwürdig und faszinierend zugleich, wenn plötzlich an einer vertrauten Stelle ein Haus weggesprengt oder abgetragen ist und man, nichts ahnend, überrascht, den Blick auf Gewohntes in einer Weise erlangt, wie er seit Jahrzehnten wohl nicht mehr möglich war.

8

Ausgerechnet Stolz macht sich breit, weil man nach über hundert Jahren wieder das Privileg des besonderen Blickes hat. Aber gleich darauf bleiben Ratlosigkeit und Neugierde. Was machen jene Menschen, die bis zuletzt in diesem Haus gewohnt hatten: der ältliche Musiker, dessen Schlagzeuglärm immer durch das fast leer gezogene Haus schallte oder der greise Mann, der, nachdem er den Friseurladen im Erdgeschoss vor Jahrzehnten aus Altergründen aufgeben musste, das Haus doch nie freiwillig verlassen hätte? Was machen sie wohl jetzt alle, so versprengt und die Spuren hinter sich verwischend?

20. März
Grenzen ignorieren

Schreiben heißt: auf Reisen gehen. All die Grenzen der eigenen Existenz zu überwinden, einengende Linien überschreiten, um mit seinen Figuren immer wieder in jene Gegenden vordringen zu können, in die man sich selbst nie gewagt hätte, ist ein unbeschreibliches Privileg. Schreibend lassen sich Ort, Zeit, Geschehen und Beteiligte beeinflussen, eben genau jenes, vor deren Ungewissheit wir uns in der Wirklichkeit oft zu fürchten scheinen: Wir sagen Reisen ab - nicht nur die, im wörtlichen Sinn gemeinten, in fremde Länder, auch jene wenig spektakulären, aber aufwendigen Erkundungen fremder Leben, neuer Probleme oder ungewohnter Meinungen. Wir schieben Gründe vor, um nur ja nicht in eine neue, fremde Welt eintauchen zu müssen. Wir haben Angst vor allzu großer Fremdheit, Neuheit und Anstrengung, die nur unser gewohntes Leben sprengen könnten. Dagegen kann *Schreiben* helfen.

21. März
Ich werde älter.

Ich lese anderes und vor allem: ich lese wiederholt. Habe ich das Gefühl, das Wichtigste in dieser ersten Lebenshälfte bereits gelesen, geschafft, bedacht zu haben, um mir den Luxus von Wiederholungen zu leisten? Schon jetzt?

Ich ertappe mich, wie ich nach über zwanzig Jahren erneut zu Klassischem greife: zum O*sterspaziergang* im *Faust*. Und tatsächlich bin ich neu berührt von den sich wiederholenden Ritualen, diesen ewigen Kreisläufen, vor allem aber von der alljährlich wiederkehrenden Hoffnung, dass irgendwann alles - Mensch und Natur blockierendes - Eis bricht.

Älter geworden zu sein, scheint auch zu heißen, Leben als ständige Wiederkehr erlebt zu haben. Alles also schon einmal durchlebt zu haben: jeden Kummer, jede Trauer, jede Freude, jeden Streit, jeden Stolz, jeden Hass, jede Liebe. Wirklich alles? Und wirklich alles schon jetzt? Ich lege den *Faust* noch einmal weg, bis zum nächsten Jahr. Wollen wir doch mal sehen, ob da nicht noch etwas zu erleben sein wird ...

22. März
Marleen

Die Arbeit an der eigenen Buchveröffentlichung geht weiter: Der erste Entwurf für den Schutzumschlag *Mein Sommer mit Marleen* ist fertig. Der Stil aller folgenden Bücher ist vorgegeben. Jetzt weiß man, in welche Richtung es gehen wird.

28. März
Buchmacher

Auch die Texte für *Marleen* sind jetzt fertig. Ich habe die ursprünglich geplanten Verse und Gedichte herausgenommen. Die Konzentration auf die fünf verbleibenden Erzählungen offenbart: Es geht in allen diesen Texte um *Verlassen, Abreisen, Ankommen,* die Sehnsucht, an einem anderen Ort zu leben, als dem gewohnten. Schreiben kann also auch Neues offenbaren - mehr, als man vorher über sich ahnte.

Abreisen

Ankommen

Verlassen

Und dann bricht Wirklichkeit ein: Die mühsamen Endkorrekturen beginnen. Diese katastrophalen Rechtschreibregeln nerven mich. So sehr, wie in diesen Tagen, werde ich mich wohl nie wieder damit beschäftigen … Wenn es geschafft ist, werden die Texte gesetzt. In zwei Wochen ist *Mein Sommer mit Marleen* tatsächlich ein Buch.

28. März
Kein Zufall

In den letzten Tagen habe ich noch einmal *Musik des Zufalls* von Paul Auster gelesen: Jim, Feuerwehrmann aus Boston, Mitte 30, erbt nach dem Tod seines Vaters einen Batzen Geld und macht, was er immer machen wollte: Er verkauft sein Hab und Gut, setzt sich ins Auto und fährt ein Jahr lang durch die Staaten. Kurz bevor ihm das Geld ausgeht, sammelt er am Straßenrand Jack auf - einen 22-jährigen, vom Spielerglück verlassenen Zocker. Jenem und seinem vermeintlichen Pokerglück vertraut Jim und setzt die letzten, aus der Erbschaft verbliebenen, 10.000 Dollar. Es kommt, was kommen muss - auch bei Paul Auster: Das Desaster endet mit Spielschulden und dem Zwang, diese durch den Bau einer unendlich langen Mauer zu tilgen.

Zufall **Zufall** Zufall **Zufall**
Zufall

Am Ende bleibt Jim und Jack nichts, als der Tod. Jenes weiße Licht also, auf das wir hoffen, wenn uns die Dinge über den Kopf wachsen. Nie genau wissend, ob wir es noch einmal schaffen oder nicht. So ist es: Wohin uns der Weg durchs Leben führt, ist allein der säuselnden, verführerischen *Musik des Zufalls* überlassen … Sehr gut, wie bei Paul Auster fast immer.

16. April
Wer bloggt, vertraut.

Bloggen scheint zu sein wie *Schreiben*: es gibt Zeiten, in denen man sich niemandem anvertrauen will. Erst recht nicht einem solch offenen kommunikativen Weg, wie er sich über einen Blog herstellt … Deswegen fast zwei Wochen Pause … Außerdem: Ich bin mit den Entwürfen für *Marleen* immer noch nicht wirklich zufrieden. Auch nach einem zweiten Entwurf nicht. Was macht man? Man bestellt sich die entsprechende Layout-Software und macht sich selbst an die Arbeit …

16. April
Hier bei uns in Blacksburg.

Was für ein Dilemma in dieser Welt: Während man sich selbst eben noch den Kopf zerbricht über Sinn und Unsinn eines anstehenden Buchcover-Entwurfs stirbt einige Flugstunden entfernt - im amerikanischen Blacksburg - ein Mensch nach dem anderen … Heute ist Montag, der 16. April, ein lauer Frühsommerabend in Potsdam, 20 Grad. Draußen, vor den Fenstern, in den Kneipen der Straße, lärmen die, die sich amüsieren wollen.

10

Hier drinnen, und je öfter ich den Browser meines Rechners auf *aktualisieren* schalte, werden in jenem Blacksburg offensichtlich immer neue Leichen geborgen. Vor vier Stunden waren es 22, jetzt sind es 33 tote Studenten. Wie viele werden es morgen früh sein, nach dem Aufstehen? Oder was wird dann auf dieser Welt Schlimmeres geschehen sein? Man will nicht hinausschauen in diese Welt. Aber: Warum sollte man dann hier sitzen und noch *schreiben*?

18. April
Alles ist relativ.

Es ist nach Mitternacht. Kann man zum Alltäglichen übergehen nach den Ereignissen in Blacksburg in der letzten Nacht? Wen würde es interessieren, würde man es nicht tun? Alles hat seinen Bezug ...

Relativitätstheorie
Herbstblatt fällt
und klemmt dem Käfer
Beine ein

Was uns selbst nicht betrifft, kann allerdings für andere eine Welt zum Einsturz bringen - ob wir selbst davon betroffen sind oder nur darüber nachdenken - auch über die Nachrichten-kompatible Zeitachse von vierundzwanzig Stunden hinaus.

Sicher, Käfer sind irgendwie eine ganz andere Welt, aber ihre Probleme scheinen mitunter unseren zu gleichen. Wenn es also so ist, dass ein Herbstblatt, das mir nichts anhaben kann, einem anderen Wesen Schaden zufügen kann, sollten auch Zweifel angebracht sein, ob man nach der verheerenden Nacht in Blacksburg einfach zum Alltäglichen übergehen kann oder wir nicht doch betroffener sein könnten, als wir in sicherer Entfernung glauben.

18. April
Vom Schatten des Realen.

Ich lese Christa Wolf, *Leibhaftig*. Die Geschichte einer kranken Frau, die auf dem OP-Tisch in die Tiefen ihrer eigenen Seele hinabsteigt. Eine Erinnerung an das, was sie in ihren Lebensjahren prägte, an all die Fragen, die nie beantwortet wurden. Das Bild, das Motto zu sein scheint für Wolf - die ins Unendliche laufende Verlängerung der spiegelartigen Bilder auf einer Milchdose, wohl zum ersten Mal beschrieben in *Kindheitsmuster* 1975 - taucht auch hier erneut auf. Die Beschreibung eines Abstiegs in die Luftschutzräume tiefliegender Keller ist in *Leibhaftig* auch ein Abstieg in nie endende Spiegelwelten: Hinter einer überwunden geglaubten Welt taucht, statt der erhofften Weitläufigkeit und Freiheit, wiederholt das Spiegelbild der doch eben erst durchschrittenen Räume auf. Dass wir also nie der Welt, die uns umgibt, wirklich entkommen können. "*Was mich töthet, zu gebähren.*" (Karoline von Günderrode, *Schatten eines Traumes* von C. Wolf) - *Was uns tötet!* (Blacksburg). Der Kreis schließt sich.

11

12

19. April
Bedrückende Nähe

Ein merkwürdiges Gefühl, am Morgen eine große Berliner Zeitung aufzuschlagen und auszugsweise die Theatertexte jenes Amokläufers von Blacksburg zu lesen. Auch er schrieb also. Und er schrieb offensichtlich auch mehr, als das heute noch zum alltäglichen Dasein zwingend notwendig wäre. Verwirrt war er und wie es schien, mit sich und allem um sich herum zerrissen. Am Ende war er also wohl nicht mehr er selbst, bleibt zu vermuten.

34

Aber wahrscheinlicher scheint es doch, dass er nie so sehr er selbst war, wie an jenem Montagmorgen der Tat in Blacksburg. So brutal, so zerstörerisch, so asozial und so unmenschlich.

Beklemmend ist zu erkennen, dass ausgerechnet das *Schreiben* einen mit einem Amokläufer verbinden kann. Schlimmer aber noch: dass *Schreiben* allein also nie heißen muss, am Ende besser dazustehen als vorher, weil man schreibend Erkenntnisse gewonnen haben könnte, die einem die Unerklärbarkeit des Lebens nehmen.

Vielleicht wäre es also besser, nie mehr zu schreiben, um nichts aus sich hervorquellen zu lassen, was einen im simpelsten Fall überraschen, im schlimmsten entgleiten und zu einer Waffe treiben könnte?

Dass man beschreibt, was einen umgibt, heißt noch lange nicht, der Welt näher zu kommen. Es kann einen auch von dieser entrücken - auf das größtmögliche Maß.

20. April
Die Sehnsucht nach Venedig

Aus der Sehnsucht soll nun also tatsächlich Wirklichkeit werden. Ich lese mich ein in eine fremde Stadt: lese *Profane Freundschaft* von Harold Brodkey. Ein wirres Spiel von Gedanken, geiler Lust und Leben in einer traumhaften Stadt des 20. Jahrhunderts. In den letzten Tagen glaubte ich, die Genauigkeit der Beschreibung einer Freundschaft lassen mich das Buch immer wieder zur Hand nehmen.

Aber es scheint etwas anderes zu sein: die enttäuschende Erkenntnis, dass in einer faszinierenden Stadt wie Venedig - für den Außenstehenden und aus weiter Ferne Beobachtenden doch immer nur der Inbegriff des Harmonischen, des Vollendeten, des Ästhetischen - alltägliches Leben auch profan, verletzend, schäbig und unliebsam sein kann. Venedig als eine nur missverstandene Stadt und Lesen über sie zur Klärung?

Brodkey skizziert Venedig als Stadt *"menschlich und exzentrisch"*. Der angebeteten und ästhetisch verklärten Kulisse sind menschliche Schwächen nicht fremd: Venedig sei *"so wenig berührt vom Geist klassischer Ordnung"*, dass man überzeugt wäre, die Stadt sei für immer *"frei von (...) realen Folgen des modernen Absolutismus."*

Ich ahne, was mich in diesem Jahr in diese Stadt treiben wird.

21. April
Vierundzwanzig Stunden Potsdam

Noch aber bin ich hier, in dieser Stadt. Ein weiteres Projekt startet heute: ein Weblog über Potsdam.

13

Das ist er: jener unglaubliche *Himmel über Potsdam*, der manchmal gespenstig, manchmal bedrohlich, manchmal unglaublich kitschig, vor einem liegt. Man kommt um eine Häuserecke und steht wie gebannt. Man ist geblendet oder glaubt sich an den Rand eines Hochgebirges versetzt. Manchmal hetzt man die Straßenzüge entlang auf der Suche nach einem freien Blick auf diese Farben und Formen. Manchmal vergebens, denn oft ist es nur ein kurzes Schauspiel, dann ziehen Wolken weiter, sinkt das Licht.

Spätestens dann aber macht es Sinn, den nächsten Morgen in dieser Stadt erleben zu wollen. Wenn man das sehen will und wenn man wissen will, was hier geht, muss man kommen, bleiben und erleben. Und dann kann man vielleicht morgens und abends auch diese Farben sehen. Tagsüber aber könnte man erleben, was hier alles passiert - unter diesem

H i m m e l   ü b e r   P o t s d a m

Ein paar dieser täglichen Geschichten erzähle ich auf *www.himmel-über-potsdam.de* Was einem, der schon ziemlich lange in dieser Stadt lebt, so alles passieren - oder auch nicht passieren - kann. In welchen Kneipen man sitzt und wo besser nicht. Welche Ecken die aufregendsten oder die ruhigsten sind. An welchen Tagen die Stadt fasziniert und an welchen sie nur einen faden Geschmack hinterlässt.

23. April
Büchertag

Das war er also, der 23. April, der weltweite Tag des Buches. Ich aber habe nicht eine Seite gelesen, nicht ein einziges Buch gekauft, um damit meine Regale aufzufüllen.

Ich habe keine einzige Zeile geschrieben, abgesehen von diesen wenigen hier an dieser Stelle, in diesem Moment. Und auch nicht ein einziger Satz aus einer Erzählung, einem Roman, einem Theaterstück, den ich vielleicht irgendwann einmal für behaltenswert gehalten hatte, drängte sich mir heute zurück ins Gedächtnis.

Stattdessen, verknappt: Bei einem Espresso im *Bagels* die Zeitung gelesen, später mit dem Hund zum Tierarzt und mit dem defekten Mountainbike zum Schlauchkauf. Zwischendurch ein *Palak Panir* beim Inder an der Ecke, mit der Krankenversicherung über anfallende Kosten und mit einem Freund über Lebensansichten gestritten. Der Welttag des Buches verlief also auf ganz unspektakuläre Weise in meiner eigenen, an diesem Montag ganz gut überschaubaren, Welt.

Und doch, am Ende dieses Tages werden sich wieder Hunderte kleine Erinnerungssplitter in mein Gedächtnis eingegraben haben, dort - locker angedockt - jederzeit abrufbar, wenn, am Beginn einer neu zu schreibenden Geschichte, mal wieder ein beunruhigend weißes Blatt Papier vor mir liegt.

So gesehen, ist so ein Welttag des Buches wohl dann am nützlichsten, wenn es Dinge zu erleben gibt, aus denen irgendwann, komprimiert, Neues für ein weiteres Buch entstehen könnte. Dann hat sich der Tag gelohnt.

24. April
Leseprobe

Ignoranz
untergang
aber die sonne strahlt
nichts ahnend

25. April
Freiheit für das Nashorn

14

Da hängt es nun seit gut zwei Jahren mitten im Zentrum Potsdams: jenes auf ewig schweigende Nashorn. Immer pendelnd in den einschneidenden Riemen und immer mit starrem Blick in die ewig gleiche Richtung gezwungen.

An diesem Platz ist es den Menschen zu seinen Füßen nachhaltig zur Schau gestellt und ihren Blicken ausgeliefert, sehr hilflos übrigens. Die Blicke auf das hoch oben festgezurrte Tier aber können auch den Betrachter schmerzen, bis zum Abwenden. Nicht, weil es so leblos hängt, sondern weil es erinnert an Eugéne Ionesco's absurdes Theaterstück aus den 1950er Jahren. Ionesco ließ ein Nashorn durch die wochenendliche Ruhe einer Kleinstadt jagen und Aufregung im provinziellen Einerlei ihrer Bewohner stiften.

In Potsdam ist das Nashorn zur Bewegungslosigkeit erstarrt. Erschöpft, weil es seinen Lauf durch die Stadt schon hinter sich hat? Oder in letzter, konzentrierter Anspannung, bevor es losbricht und jeden, aber auch jeden, in dieser Stadt aufschreckt?

Man kennt schöne, auch abstraktere, als diese –
erst recht aus der Ferne – sehr real wirkende
Nachbildung eines Nashorns. Was bleibt, nähert
man sich ihm? Nachdenken vielleicht über all jene,
vor allem dem Willen der Menschen, ausgelieferten
Tiere – vielleicht aber auch so etwas wie die leise
Hoffnung: Freiheit für das Nashorn.

Treibt das Nashorn endlich auch durch diese langweilige Stadt!

25. April
Wir sind nicht allein.

Gestern noch ging mir jene spöttelnde Warnung durch den Kopf, sich angesichts eines nahen Endes, eines drohenden Untergangs, einer be-
vorstehenden Ablösung – nichts ahnend – in all-
täglicher Gewissheit zu wiegen. Und einen Tag später scheint tatsächlich alles so weit: Nichts bleibt
mehr auf unsere eigene, kleine Welt beschränkt,
sollten wir wirklich nicht allein in den Weiten des
Weltalls sein.

Vor über 2000 Jahren schrieb 15
Epikur, griechischer Philosoph,

die Natur habe uns zur Gemeinschaft geschaffen. So war es nur
eine Frage der Zeit, dass wir,
frühmorgens die Zeitung aufschlagend, lesen würden, so wie
heute: Es gibt sie doch - eine
zweite Erde. Einen zweiten Planeten, zwanzig Lichtjahre entfernt zwar, aber auf dem es
Bedingungen gibt, wie bei uns.

Passend zur Endzeitdiskussion über Klimawandel
und bedrohlich zerstörte Existenzräume gibt es
also einen zweiten Weg.

Und wie geht man damit um? Stört solch uner-
wartete Aussicht am Ende nur jene letzte Kraft-
anstrengung, die gerade – angesichts all der Schre-
ckensszenarien über ein sich veränderndes Klima –
in Gang gekommen ist und die immer ein nütz-
licher Nebeneffekt ausweglos scheinender Situa-
tionen ist: sich sammeln, gemeinsam vorankommen wollen?

Nimmt diese freudige Nachricht, nun wäre
ein Ausweichen – was wohl bedeuten soll: Flucht
auf einen anderen Ersatzplaneten – ja auch noch
möglich, den Wind aus den Segeln jenes Klippers,
der gerade erst Fahrt aufgenommen hat, um die
längst zerklüftete Küste unserer Welt vielleicht
doch noch heil zu umrunden und nicht zwischen
ölverklebten Vögeln, blutig geschlagenen Robben
oder gar ausgetrockneten Wattflächen stranden zu
müssen?

Besänftigt eine solch überraschende Nachricht also doch nur wieder jene, die sich auf diesem Klipper in lauteren und unlauteren Absichten versammelt haben, um seit ein paar Monaten die Flagge des Klimaschutzes vor sich herzuschwenken?

Heißt es nun doch wieder nur: zurück an Land – alles halb so schlimm? Sollte es uns hier unten auf der Erde zu trocken werden, zu stürmisch, zu überflutet, zu stickig, kann die Karawane ja weiterziehen. Ab zum nächsten Planeten? Umsiedeln als brauchbare Alternative – nicht für heutige Menschen, die das kaum noch erleben werden – wohl aber für die Menschheit?

Trotzdem: Die Ahnung, dass es längst auch irgendwo anders möglich gewesen ist, was wir hier unten immer als alleiniges Recht gesehen haben - zu leben und sich eine Welt nutzbar zu machen - macht einen schon auf eine sanfte Weise glücklich.

Vor allem wegen der stillen Hoffnung, jene fremden Wesen könnten schon immer alles besser gemacht haben, als wir Menschen. Dass sie sich ihre Welt nicht nur nutzbar gemacht, sondern sich mit ihr auch arrangiert haben könnten: respektvoll, wahrnehmend, rücksichtsvoll.

Schadenfreude kommt bei mir auf - da habt ihr es: *Besser geht es also doch!* Und: *Wir sind nicht allein.*

27. April
Quoten?

Es ist kurz nach Mitternacht. Ich schaue mir die Seitenklicks und Aufrufe der Webseiten an. Aber leider haben nur wenige heute den Weg auf die Seiten gefunden. Spielt Wetter bei Computerabrufen eine Rolle? Es war ein warmer Tag und ist immer noch ein warmer Abend – die Leute, draußen, haben Wichtigeres zu tun, als Webseiten und Blogs zu studieren. Zum Glück …

29. April
Mobilität des Geistes

Habe heute mit einem Freund über die Frage diskutiert, was überwiegen würde: die zunehmende Vereinzelung massenhafter Netz-User und deren Entfremdung realen Erlebnissen gegenüber oder vielleicht doch die Chance, dass der damit verbundene Mangel an physischer Mobilität durch eine größere *Mobilität des Geistes* aufgewogen werden könnte.

Kommunikation mit Hilfe des *Weltweitnetzes* erweitert ja auch die Möglichkeit der Wahrnehmung: Es bleibt nicht nur beim passiven Hören oder Lesen von bisher Unbekanntem. Das im Netz Erlebte wird längst im selben Moment gelebt: Der Webcam-Blick in die Wohnung des neuen Chatpartners ist real, die angeschauten Videos und heruntergeladenen Songs amüsieren gleichzeitig und gemeinsam, die zu kommentierenden Fotos und geposteten Texte lassen in jeder Sekunde teilhaben am Leben bisher fremder, hunderte Kilometer entfernt lebender User. Aus dem virtuell Gelebten werden, ohne dieses weltweite Netz sonst kaum machbare Erfahrungen.

Was aber, wenn die tatsächliche Wirklichkeit - draußen vor den Fenstern und also dort, wo diese neuen Erfahrungen dann auch nutz- und brauchbar sein könnten - irgendwann nur noch auf ein Minimum reduziert ist, weil alle Welt sich längst dem virtuellen, zweiten Leben zugewandt hat?

Was bliebe uns denn noch, wenn das Wesen *Mensch* mutiert wäre zu einem Wesen mit stark ausgeprägten und auf das schnelle Anschlagen von Computertasten spezialisierten Fingern, aber einem von erstarrten, kaum noch notwendigen Muskeln ins Fratzenhafte verkümmerten Mund, der als Organ des Sprechens längst seine Funktion verloren haben wird?

Wie lernen Nachfolgende *lesen* (eine unabdingbare Voraussetzung, um *chatten* und *mailen* zu können) wenn die, die es ihnen durch vernehmbare Lautartikulierung beibringen könnten, im Taumel virtueller Welten längst das Sprechen verlernt haben werden?

wielernennachfolgende*lesen*eineunabdingbarevoraus setzungumchattenundmailenzukönnenwenndiedieses ihnendurchvernehmbarelautartikulierungbeibringen könntenimtaumelvirtuellerweltenlängstdasprechen verlernthabenwerden

30. April
Den Saft abdrehen

In diesem Land verhungerte in diesen Tagen ein 20-jähriger, der zurückgezogen und mittellos mit seiner Mutter lebte. Wie man liest, stellten die Behörden offenbar – nachdem beide Hartz 4-Empfänger auf Schreiben nicht mehr reagierten – bereits vor Monaten sämtliche Unterstützungszahlungen ein.

Welchen Sinn macht es, über die Isolation in virtuellen Welten zu wettern, wenn die Isolation in realen Welten noch immer bedrohlichere Ausmaße annimmt? Mag sein, dass Kommunikation, also auch die angemessene Reaktion auf behördliche Aufforderungen, Grundlage menschlicher Existenz ist. Aber ist diese Existenz weniger berechtigt, weil sich jemand dieser Kommunikation entzieht, zumal wohl nicht freiwillig, sondern in einem Zustand geschwächten, hilf- und ratlosen Dahinvegetierens? Und berechtigt allein das – wen auch immer – Leitungen zu kappen, die Stecker zu ziehen und Zahlungen einzustellen?

Hat wirklich nur ein Recht auf Existenz, wer auch noch wahrgenommen wird? Verpflichtet nicht eher jede Existenz - egal wie laut, wie leise, wie asozial, wie gesittet, wie faul, wie genial, wie destruktiv, wie erfolgreich - uns Andere zur Wahrnehmung. Dazu also, auch auf leise Töne zu achten, nichts zu überhören und nichts zu übersehen. Rücksicht zu nehmen also auf einander. Darf wirklich nur der überleben, der lautstärker als andere auf sich aufmerksam macht?

6. Mai
Leseprobe

Von der Wirklichkeit überanstrengt, fliehe ich in Historisches: Die Erzählung *Mein Sommer mit Marleen* spielt zu Beginn des letzten Jahrhunderts:

So etwa muss es gewesen sein. So habe ich es mir gedacht, wenn es nicht in ihren Briefen stand. Denn auch die habe ich – Svenke Tucher, Briefträger – ausnahmslos alle gelesen. Heimlich versteckt, immer mit der Mühe, so gut es ging, sie erneut zu verschließen und Marleen in die Hand zu drücken. Unschuldig lächelnd. Nur so war Marleen mir einen Sommer lang vertraut.

Ich weiß ich hätte es nicht tun sollen. Ich hätte Marleen so nie betrügen dürfen. Aber wie sonst hätte ich sie je kennengelernt. Wie sonst hätte ich sie geliebt. Wie hätte ich sie schützen, um sie trauern und um sie bangen können. Wie hätte ich je von ihr geträumt, von dieser wundersamen Frau Marleen.

aus: *Mein Sommer mit Marleen*

11. Mai
Was vom Tage übrig blieb.

Die Flucht war vergebens ... Der Wirklichkeit ist nicht zu entkommen, nicht der tatsächlichen und nicht der gefilterten, medialen Welt, von der man erst recht in diesen Tagen um und vor Heiligendamm allerorts umgeben ist.

Ich lese in den Nachrichten etwas von einzurichtenden Sammellagern für G8-Gegner und von Büchern, deren Inhalte Grund für vorbeugende Razzien sind. Was für ein Land, noch immer. Wäre ein solcher Gedanke nicht absurd? Und wäre dies nicht das Schlimmste, was diesem Land nach über fünfzig Jahren Demokratie passieren könnte?

16

15. Mai
Sich hechelnd durchs Leben bloggen?

Im Idealfall kann *Bloggen* das Fortschreiben eines
Gedankens sein - über Tage, vielleicht Wochen
hinweg, nur dadurch erschwert, dass einem jede
Stunde Hunderte neue Gedanken durch den Kopf
gehen, sich auflösen, festhaken, im besten Fall
einen nicht mehr zur Ruhe kommen lassen. Ein
Vorgang, der einen fast täglich vor die Entscheidung stellt: Was ist wichtig genug, um es als Quint-
essenz (*Hurra, wieder so ein altes Wort verwendet, das
auszusterben droht!*) für andere, draußen in der
Welt, in wenige Zeilen zu pressen. Immer die Gefahr fürchtend, dass die geposteten Texte der Vor-
tage nichts, aber auch gar nichts, mit aktuell be-
schreibenswert scheinenden Dingen zu tun haben
könnten.

Genau an dem Punkt aber wird es spannend, wenn
man sich selbst − dieser Gefahr entkommen wol-
lend − dabei ertappt, in den nachgedachten Texten
unsichtbare Linien zu suchen. Gedrängt vom eigenen Ehrgeiz, sich selbst zu überzeugen: Es müsse
doch eine innere Konsequenz des eigenen Den-
kens geben, man könne doch nicht gestern über
Globalisierung nachdenken und heute über die *Aus-
wirkungen einer sich durch Lebensjahre bloggenden, schreib-
wütigen Generation*. Plötzlich also steht die Frage im
Raum, welcher rote Faden all dem Niedergeschriebenen innliegt.

Was haben Globalisierung und alltägliches Bloggen
als Teile dieser neuen, weltweiten Bloggergesell-
schaft gemeinsam, dass eine Beschäftigung mit bei-
den Themen zeitlich so nah liegt? Was verbindet
beides: ihr gemeinsamer Hang zur Verflechtung?
Der Zusammenschluss aller, sich vor allem laut-
stark gebender, Mitmenschen?

Eint sie das Bemühen, Alltäglichkeit organisieren zu wollen – dort politisch und wirtschaftlich, hier schreibend – um so alles besser in den Griff zu bekommen? Neuorganisation von Leben also, jenseits aller für kommunikatives Zusammenleben bisher erprobter Konventionen, Begriffe und Regeln? Globalisierung also als Innovation?!? Absurd.

Später:

Heute habe ich entdeckt: In einem Forum für junge Literatur können eigene Texte in Genre- bzw. Gattungs-Kategorien gepostet werden. Die Kategorie *Dramatik* > *Tragödien* beinhaltet dort tatsächlich jede Menge spannender Texte. Aber: Es handelt sich in den meisten Fällen nur um Texte, die, zugegeben, dramatisch enden. Oft aber wird nur, was den Schreibenden selbst tragisch erscheint – manchmal auch nur wehmütig oder auf die eigenen Tränendrüsen drückend - schon als Tragödie empfunden.

Keiner dieser Texte jedoch ist im klassischen Sinne *Dramatik* oder gar eine *Tragödie*. Die Kriterien verschwimmen, die Genauigkeit verblasst.

Es darf *Schreiben* können, wer Worte aneinanderfügt – manchmal erfreulich erfolgreich und auch ziemlich unkompliziert lesbar – oft aber auf erschreckende Weise frei schwebend.

So reiht man sich ein in die weltweit schreibende Gemeinschaft, um mitmischen zu können und zum globalisierten Kreis jener zu gehören, die den Anschluss nicht verpasst haben.

Ich ahne, mich vor allem - egal wie, wo, womit - gegen jegliche

Form der Globalisierung, nicht nur die politische oder gesellschaftliche, im Leben zu wehren: vor allem gegen die Missachtung von Übereinkünften, die das miteinander leben - also schreiben, reden, tauschen, treffen, lesen, handeln, zuhören, helfen - erst ermöglicht. Gegen Ignoranz allem Leisen und Schwachen gegenüber, gegen blog-gerechtes, stakkatohaftes Leben: plattwalzend, zielorientiert und die Genauigkeit durch Banalität demütigend.

Also auch als eine Gegenwehr gegen ein *Schreiben*, das das Festhalten von banal Alltäglichem nicht als wachen Blick auf leicht zu Übersehendes begreift, sondern als eine Möglichkeit zum Exhibitionismus eigener Existenz. Wohlwissend, wie schnell man selbst der Gefahr unterliegt.

So gesehen, bin ich beruhigt: Es gibt doch diesen *einen* Faden, der alles verbindet, was einem täglich durch den Kopf geht. So verschieden einem selbst die Themen erscheinen, an die man sich wagt und so sehr man sich auch über die in Klickraten registrierten Reaktion auf die Themen wundert.

16. Mai
Nachtrag: *Profane Freundschaft* **von Harold Brodkey**

17

Bin mit dem Lesen von *Profane Freundschaft* seit ein paar Tagen fertig. Harold Brodkey schreibt, dass *wir alle immer behaupten, nie geliebt worden zu sein, aber das stimme nicht, denn wir alle wurden irgendwann geliebt, nur dass wir es verdrängen, weil wir mit der Art und der Intensität dieser erfahrenen Liebe nicht zufrieden waren.*

Dieses Buch erzählt also von Hass und Liebe, von Macht und Unterwerfung zwischen zwei scheinbar fremden, unvereinbaren Charakteren, die eine tiefe Freundschaft verbindet. Es erzählt vom sich finden im Anderen und von der Möglichkeit, in einer Freundschaft das zu durchleben und zu proben, wozu großes, banales, alltägliches Leben keine Zeit lässt. Und das Buch erzählt auch von der Erfahrung, dass man sich selbst in einer Freundschaft nie wirklich nahe kommt, welche Grenzen man auch überschreitet.

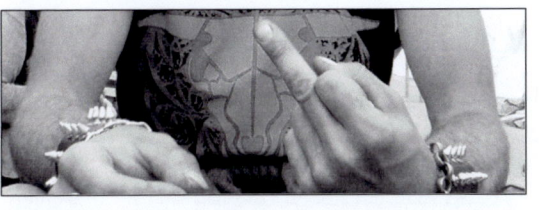

Wer auf sogenannte *wahre* Freundschaft hofft, sollte vor allem auf Wahrheit hoffen. Freundschaft ergibt sich dann ganz von allein.

Spätestens an diesem Punkt war ich erschrocken. Nicht, weil ich es nicht längst geahnt hätte, sondern weil ich es lesen konnte: schwarz auf weiß. Fest geschrieben also. Denn wenn es mehr als einer erlebt - mehr, als nur wir selbst - sind wir doch immer sofort bereit, etwas als gegeben, normal, üblich, als unausweichlich, hinzunehmen.

Dies ist immer ein Moment, in dem wir allzu gern jene sogenannten *(die!) Leute* als Beweis anbringen, als seien unsere eigenen Erfahrungen allein durch sie, durch die von den Leuten vermeintlich repräsentierte Mehrheit, schon als richtig bestätigt.

In *Profane Freundschaft* geht es um die Unvergänglichkeit der eigenen Herkunft, also jenen Sog, der von vergangenen Zeiten ausgeht und der einen nie mehr wirklich loskommen lässt von dem, was man war, als man diese Welt betrat. Es geht also auch um das, was man ein Leben lang mit sich herumschleppen mag. Um Schwere des eigenen Lebens, die sich unaufhaltsam einstellt, je länger man nicht bereit ist, solchen Ballast von sich zu werfen.

Was bleibt? Melancholie, angesichts begriffener eigener Vergänglichkeit und Trauer darüber, irgendwann auch als Freund/Freundin, Partner/Partnerin selbst von jungen Frauen oder jüngeren Männern, von hippen, lauten, modernen Geschichten oder geänderten Ritualen abgelöst zu werden? Das Buch erzählt von der Angst, verdrängt zu werden und zu sein. Es zweimal gelesen zu haben, sollte mir reichen. Angst frisst auf.

Angst frisst auf

17. Mai
Die fetten Jahre

In Cannes, auf den Filmfestspielen, hatte vor Jahren jener spektakuläre Film von Hans Weingartner Premiere: *Die fetten Jahre sind vorbei,* als erste deutsche Aufführung an der Croissette seit elf Jahren, seit Wim Wenders. Manche redeten schon von neuer, deutscher Nouvelle Vague. Eine neue Art, Filme zu erzählen. Und alle riefen nach solchen Geschichten: die Redakteure der Sender, die Produzenten - die aus produktiver Angst, das Rennen zu verpassen, auf den Zug springen wollten. Am Ende drehte dieser junge Filmemacher (Hausbesetzer, Medizinstudent, Filmemacher) einfach weiter, wohl unbekümmert, weil er längst ahnte, die fetten Jahre kommen für ihn erst noch?

18. Mai
Die Jahre vergehen

Das Manuskript zu *Mein Sommer mit Marleen* ist seit einer Woche beim Verlag.. In der Woche nach Pfingsten soll es lieferbar sein. Ich bin gespannt, ob alles klappt.

MEIN SOMMER

19. Mai
Hau den Lukas

War da nicht etwas? Damals, vor ein paar Jahren? Eine Ohrfeige für einen Bundeskanzler? Und der Betroffene schwieg betroffen. Ermitteln, vorgehen, untersuchen mussten andere. Sensibel, versteht sich. Im Dreck buddelt keiner gern. Zu den Motiven des 52jährigen Arbeitslosen, der während eines Empfangs für neue Parteigänger mit der flachen Hand ausholte, schwiegen die meisten. Gut so. Hätten wir anderen doch sonst vielleicht noch ein schlechtes Gewissen gehabt, all die Gründe längst gekannt und dennoch nicht auch etwas getan zu haben?

Selbst ein Motiv gehabt und doch nichts getan zu haben, das kennen wir zu gut. Unsere Wut aber bricht noch immer lieber durch andere aus. Wir Deutschen eben.

21. Mai
Endlich Druckfreigabe

Endlich die erhoffte Nachricht: *Marleen* ist zum Druck freigegeben und die ersten Bestellungen werden bearbeitet. Trotzdem scheint nicht alles optimal zu funktionieren: noch immer ist es nicht unter *amazon.de* zu finden. Aber auch das wird wohl nur noch wenige Tage dauern …

21. Mai
erste Wahl - Dritte Wahl

Umsonst & draußen und jede Menge Spass: Fast 1.000 Leute trafen sich am Sonnabend auf dem Bassinplatz in Potsdam, um mit Musik gegen die

Folgen zunehmender Globalisierung zu protestieren, sich neu zu verbünden oder auch nur Sympathie zu zeigen. Ein lustiges Völkchen, was da zusammentraf: längst nicht so einheitlich in schwarzer Kluft, wie sonst, wenn Musikbands wie *Dritte Wahl* und *Hausvabot* spielen. Viel verrücktes Volk, Irogestylt oder mit langhaarigen Dreads, verkleidet oder auch stinknormal. Und – vielleicht nicht so überraschend: Auch Ältere waren dort, Familien, selbst Geschäftsleute, die man – in dieser überschaubaren Stadt – sonst eher nur im wollenen Anzug kennt. Und es gab einfach keinen Stress ...

22. Mai
Gelesen: *Eiserne Zeit* von J.M.Coetzee

Was für eine Geschichte: Die alte Mrs. Curren, krebskrank, trifft an jenem Tag, an dem sie von der Unheilbarkeit ihrer Krankheit erfährt, auf einen alten, obachlosen, dreckigen Penner. Der folgt ihr, belagert ihr Haus und während Mrs. Curren den Schmerz in ihrem Körper jenem Schmerz der Welt um sie herum zuschreibt – sie lebt im Südafrika der Apartheid – und so immer stärker Sympathie für die Unterdrückten und die Rechtlosen findet, rückt der obdachlose Mann in ihrem Leben näher an sie heran. Am Ende ihrer Tage ist er der Einzige, der sich um sie kümmert, der bei ihr bleibt, der ihr in der letzten Nacht in diesem Leben Wärme gibt. Dann heißt es, sich mit dem arrangieren, was da ist. Glücklich werden mit dem, was man hat. Nichts ist dann – in einem auf seine Grundkonstellationen zurückgeführten Leben – wichtiger, als Nähe zu spüren und gebraucht zu werden. Zweisamkeit. Nichts ist mehr wichtig, was es einst im normalen Leben zu sein schien. Erst am Ende der Tage, und also viel zu spät, besinnen wir uns.

19

Vielleicht wechseln wir alle die Seiten, wenn es wirklich ans Ende geht und es nichts mehr gibt, vor dem wir uns rechtfertigen müssen. Dann, wenn es nur noch darum geht, mit uns selbst ins Reine zu kommen, wenn wir begriffen haben, was wir jahrzehntelang ignorieren wollten: dass Dreck, Gewalt, Suff nie das Wesen der Menschen ausmacht, sondern immer die Folge ihrer Lebensumstände sind. Was sie sind, sind sie aus Protest. Das Herz bleibt rein.

22. Mai
Leseprobe

Rechtfertigung
seh dich
hör dich
kenn dich
mag dich
will dich
riech dich
spür dich
lieb dich
streichle dich
drück dich
küss dich
beiss dich
brauch dich
such dich
find dich
nicht
vermiss dich

24. Mai
Unruhe in mir

Ich merke, wie ungeduldig ich werde. In kleinen Schritten geht es voran und natürlich dauert alles viel zu lange: Endlich ist das Buchcover auf der Verlags-Webseite eingestellt, endlich könnte ich Werbemails verschicken an all jene, die sich für *Marleen* interessieren könnten. Aber ich werde mich hüten, für etwas die Trommel zu rühren, das ich selbst noch nicht druckfrisch in den Händen gehalten habe. Wer garantiert, dass ich nicht mit dem Druck, der Farbe, den übersehenen Rechtschreibfehlern, dem Entwurf des Schutzumschlages unzufrieden bin und alles einstampfe? Jetzt endlich will ich das gedruckte Buch in den Händen halten.

25. Mai
Gleichlauf

Endlich Gewitter, endlich Regen … und doch: Danach ist alles, wie es war, voller drückende Schwüle. Binnen Minuten sind die Straßen abgetrocknet. Nur der Himmel bleibt bedrohlich. Die noch vor einer Stunde eiligst ins Trockene geräumten Biergartentische sind noch immer nur spärlich besetzt. Was für ein Glück – innehalten im täglichen Abendlärm der Straße. Pech für die Kneiper, Ruhe für die Anwohner. Unendlich schöne Himmelbilder bietet diese Stadt fast allabendlich.

26. Mai
Geruchsproben für G8

Jenseits der eigenen Wut über Unzulänglichkeiten gibt es jede Menge Wichtigeres, das in diesen Tagen passiert. Ich bekenne, ich komme aus dem Osten. Dort habe ich alles schon einmal erlebt. Und: Mir wird flau im Magen, wenn ich lese, was möglich ist in diesem Land. Wie auch immer. Selbst wenn *sie* Recht haben und diese Proben nur dazu dienen, bestehende und passierte Sachverhalte aufzuklären – medial haben sie wahrscheinlich längst eine Niederlage erlitten: Sie müssen sich verteidigen und wer sich erst einmal verteidigen muss, hat es immer schwer. Nun auch noch dafür, im Vorfeld von G8 offensichtlich in Briefpost von Globalisierungsgegner geschnüffelt zu haben.

Das nun Erschreckende ist nicht so sehr, dass so etwas möglich ist. Das vielleicht wirklich Erschreckende ist, dass ich diesen - mittlerweile von mir erneut freigegebenen - Text zwei Tage zuvor im Blog gepostet, dann aber schon vier Stunden später wieder gelöscht hatte. Denn zum ersten Mal hatte ich nach 1987, 1988 wieder ein Gefühl, wie in jenen bedrückenden letzten DDR-Jahren.

58

Die ewige Schere im Kopf, die immer Zeichen für Unfreiheit ist, sticht noch immer. Auch in diesem Jahr und auch in diesem Land.

26. Mai
Leseprobe

Passend zu den Diskussionen in und um Heiligendamm und G8 in diesen Tagen:

20

So glaubten wir, wovon man sprach.
Von Kanzeln, Podien und von Türmen.
Und waren doch – so ahnungslos – ein Nichts.
Wir hatten nicht gehofft, Jahrhunderte auch nie gewagt
zu fordern, was uns Anspruch wäre:
dass unser Dasein Wahres braucht.
Dass Leben nur zu prophezeien
uns nie für wahres Leben reichen wird.
Und, was uns blieb am Ende allen Glaubens,
war nur ein Traum – doch alles wert:
dass nur der Mensch dem andren Mensch,
der Freund dem Freund, der Mann der Frau,
der Sohn dem Vater, noch verpflichtet sei.
Dass frei von allem Glauben, aller Macht,
nur zählt, was in uns steckt.
Und Harmonie in allen Dingen
doch nur dem Ende allen Lebens gleicht.
Nicht Untertan! Nicht stumm!
Nicht ohne Widerspruch!
Und niemand sich verkauft der Macht,
des eigenen Friedens willen. (...)

aus: *Dietmar Haiduk, Zimmer der Tränen*

31. Mai
Geschafft

Es ist soweit. Endlich ist *Mein Sommer mit Marleen* lieferbar: bei amazon.de, libri.de, buch.de, bei BoD.de und über 1.000 weiteren Online Buchshops ... und natürlich in jeder Buchhandlung. Und das dann doch noch pünktlich Ende Mai, am letzten Tag. Trotzdem: Alles alleine zu machen – vom Schreiben der Texte über die Gestaltung des Schutzumschlages, dazu die Flyer, die Webseiten & Blogs und ihre Pflege, die Werbetexte, die Verträge – all das ist mit einem gehörigen Aufwand verbunden. Man hat alles im Griff, man kann alles kontrollieren, man entscheidet selbst - aber es lenkt von dem ab, was wichtiger ist: zu schreiben. Dennoch werden auch die nächsten Bücher wohl so entstehen. Auch die Arbeit am Roman *Ab riss Le b e n* nähert sich dem Ende

2. Juni
Fühlen

Nun endlich halte ich das Postpaket mit den ersten Exemplaren von *Mein Sommer mit Marleen* in den Händen. Ein verrücktes Gefühl, wenn wieder einmal aus ersten Gedanken, gefolgt von ersten, niedergeschriebenen Worten und Sätzen, am Ende etwas sehr Reales entstanden ist: ein Buch, in dem die eigenen Gedanken tausendfach kopierbar – und für alle lesbar – offen gelegt sind. Man kann durch die Seiten blättern, am Papier riechen, den Schutzumschlag fast behutsam zurechtstreichen, um ihn bloß nicht vorzeitig zerfleddert zu sehen. Jetzt, wo all das möglich ist, sollte ich überzeugt sein, dass dieses Buch nicht mehr bloß Fantasie ist.

3. Juni
Ge-bt 8

Ge-bt 8! Gewalt könnte in Rostock an diesem Abend zunichte machen, was nützt …

Es ist das alte Spiel der Macht: durch Präsenz zu provozieren und die Reaktion als Grund zu nehmen zurückzuschlagen. Auch das hat deutsche Tradition. Leider. Rücksichtslos geradeaus zu marschieren, hat in der Vergangenheit auch zum Untergang führen können.

Das ist deutsch: korrekt, endgültig, absolut. Ein Problem zu lösen, bis es nicht mehr existiert. Aber Toleranz setzt zuerst und vor allem Zurückhaltung voraus. Auch Gelassenheit – und die Fähigkeit und die Bereitschaft, auf jegliche Möglichkeit der Dominanz allein aufgrund von gegebenen Mitteln (Blau, Knüppel, Schilder, Helme, Wasser, Gas) … zu verzichten. Nicht zu provozieren. In Berlin funktioniert das am 1.Mai seit zwei Jahren. Rostock scheint an diesem Abend davon weit entfernt. Mir ist nach Kotzen zumute …

Leseprobe:

aufgeschnappt
der käfer
hört den flügelschlag
viel zu spät

4. Juni
kurze Selbstbemitleidung eines Autors

Warum gibt man sich nicht einfach zufrieden mit dem, was geschafft ist? Warum beginnt nach dem Erscheinen eines Buches immer auch die pingelige Suche nach Fehlern: mit dem Lineal werden die Abstände zwischen Textblock und Seitenrand nachgemessen, nur um entsetzt festzustellen: da fehlen 1,5 mm. Warum erscheint einem die Schrift plötzlich zu klein, die Sätze zu profan oder zu gebaut, das Foto etwas unglücklich gewählt, zu hell, zu dunkel, zu scharf, zu unscharf …? Während die Leser – von all den pingelig aufgespürten Unzulänglichkeiten kaltgelassen – sich vielleicht einfach nur freuen, ein neues Buch gekauft zu haben. Vielleicht, weil diese ewige Unzufriedenheit das Einzige ist, was einen treibt, einfach das nächste Buch zu beginnen.

4. Juni

Ge-bt 8

Ge-bt 8! Gewalt könnte in Rostock an diesem Abend
zunichte machen, was nützt … Es ist das alte Spiel der
Macht …So begann ein Text, den ich vor einigen
Tagen in diesem Blog gepostet hatte. Ich habe ihn
gelöscht, weil sich – zumindest aus der Ferne und
im Nachhinein betrachtet – einiges anders darstellt.

schwarzer Block
Schwarzfahrer

5. Juni

Bin ich linksextrem?

Die Zeitung heute aufschlagend, kann ich dort
lesen: Berliner Politiker machen sich für ein Ver-
bot schwarzer, uniformähnlicher Kleidung stark,
um angesichts der Gewaltorgien am letzten
Wochenende in Rostock bessere Verbotsmöglich-
keiten gegen Linksextreme zu haben.

Die drohende Stigmatisierung vor Augen, trinke
ich meinen Tee hastig aus und reiße meinen Klei-
derschrank auf. Zusammengezählt finde ich
dort: 42 **schwarze** T-Shirts, 5 **schwarze** Pullover,
3 **schwarze** Kapuzenshirts, 6 **schwarze** Jacken (2
mit aufgesetzten Taschen und Schulterklappen), 7
schwarze Hosen (3 wiederum mit aufgesetzten
Taschen und im Army-look), außerdem 3 Paar
schwarze Stiefel, 4 Paar **schwarze** Halbschuhe,
37 Paar **schwarze** Socken, 2 **schwarze** Mäntel, 3
schwarze Anzüge, 2 **schwarze** Jacketts, 3
schwarze Wollmützen, 2 **schwarze** Basecaps, 2
Paar **schwarze** Handschuhe, 1 **schwarzen** Regen-
schirm, 1 **schwarzen** Rucksack, 3 **schwarze** Gür-
teltaschen …

21

In meiner Wohnung befinden sich außerdem unter anderem: 2 **schwarze** Regale, 4 **schwarze** Beistelltische, 1 **schwarzer** Vorhang (1,5 x 3,0 Meter), eine **schwarze** Hifi Anlage, ein **schwarzer** Synthesizer, 5 **schwarze** Tischleuchten, 1 **schwarzer** Fernseher, 4 **schwarze** CD-Regale, 1 **schwarzes** Notebook, ca. 35 lfd. Meter **schwarze** Strom-, Audio- und PC-Kabel … und - ein **schwarzer** Hund:

Bin ich linksextrem? Nein.

Die Hilflosigkeit von Politik hat sich schon immer am Grad der Absurdität ihrer Vorschläge messen lassen.

5. Juni
Wem nützt es?

Das Schockierende dessen, was in und um Rostock passierte und passiert, liegt nicht in der unzweifelhaften Brutalität – die ist verachtenswert, von welcher Seite auch immer. Die Absurdität scheint in der völligen Verschiebung von bisherigen Wahrnehmungsmustern zu liegen: Da wird ein Steinewerfer zu zehn Monaten Haft ohne Bewährung verurteilt, während selbst die Tötung eines Menschen in diesem Land mitunter haftfrei bleibt. Da versprühen als Clowns – dem Inbegriff des Amüsements – verkleidete Demonstrationsteilnehmer Chemikalien gegen den einen oder anderen Polizisten. Die Mitorganisatoren des Autonomen Blocks geben – wie es heißt – angeblich ausgerechnet in einem doch eher szeneuntypischen Gesellschaftsmagazin ein Interview und bekennen sich schuldig an der Gewalt, während Attac-Vertreter sich dafür entschuldigen, das Gewaltpotential unterschätzt zu haben. Eine in Berlin gern als erfolgreich dargestellte Deeskalation der Polizei soll in Heiligendamm nichts mehr bringen und wer Schwarz trägt, setzt sich der Gefahr aus, zum Linksextremen stigmatisiert zu werden.

Was stimmt noch? Was ist spekulativ, was tendenziös, was taktisch? Wirklichkeit scheint längst nicht mehr zu sein, was wahr ist, sondern was spekuliert wird. Was aber am Ende, wenn diese Tage lange vorbei sind, zurückbleiben dürfte, wird eine Atmosphäre der Verunsicherung und der Verschiebung von beurteilungsfähigen Wahrnehmung sein.

Wenn man die öffentliche Diskussion verfolgt scheint es, als würden bereits jene sprichwörtlichen Karten neu gemischt: für neue Ausrüstung und Vorgehensweisen, um Herr solcher Lagen zu werden, für eine zurechtgestutzte Sicht auf gerade jetzt stärker in die öffentliche Wahrnehmung drängende Organisationen, wie Attac, oder für ein Zurückdrängen allzu großer Nähe kirchlicher Organisationen zu Globalisierungsgegnern, wie vereinzelt von Politikern bereits gefordert. Für neue Feindbilder also, härteres Durchgreifen, größere Intoleranz, härtere Grabenkämpfe und nicht zuletzt für die unausweichliche Profilierung aller Seiten.

Aber was, wenn all das kein Zufall ist? Und was, wenn am Ende die wichtigste Frage aller dramatischen Zuspitzung – egal ob in der Realität des Lebens oder in ihrer Interpretation (*auch in Literatur zum Beispiel*) – nämlich die Frage nach dem *Motiv* des Geschehens, auch hier entscheidet, mit welchen Szenen und überraschenden Wendungen wir in den nächsten Tagen, nächsten Monaten und Jahren konfrontiert werden?

Wer aber hat ein *Motiv* zu solchen massiven Wahrnehmungsverschiebungen? Die alte Frage lautet: Wem nützt es, was in diesen Tagen in diesem Land passiert? Und man kommt ins Grübeln, ob die Geschichten eigener Fantasie – wie im fast fertigen Roman *Abriss Leben* – der Wirklichkeit überhaupt noch angemessen sind …

5. Juni
Durch die Täler ...

Die realen Verwerfungen des Lebens bleiben weit weg und weit draußen: Die Mühen gehen weiter – und die Freuden über jeden neu gewonnenen Link, jeden neu besetzten Platz in einem Internetportal, um *Mein Sommer mit Marleen* an den Leser zu bringen, auch. Morgen gehen die Pressemitteilungen raus, wohlwissend, dass der Monat Juni nicht wirklich die richtige Zeit ist, um ein Buch herauszubringen. Aber würde sich ein Titel wie *Mein Sommer mit Marleen* im Herbst denn wirklich besser machen?

6. Juni
Die mediale Szenerie

Die Nachrichten mögen sich auch an diesem Abend überschlagen, an dem von angeblich zurzeit stattfindender Aufrüstung inmitten von 10.000 Demonstranten vor Kontrollpunkten um Heiligendamm die Rede ist. Das sind für den Moment scheinbar wichtige und scheinbar unzweifelhafte Fakten. Aber eben nur für den Moment, in Minuten oder Stunden kann alles anders aussehen. Das wirklich Bewegende sind die Mechanismen, die dahinter sichtbar werden.

So lese ich heute: Von der doch offensichtlichen Gewaltorgie am Sonnabend mit über 1.000 Verletzten, unter ihnen fast 500 Polizisten, bleiben in den Nachrichten von heute – nach statistisch anerkannten Kriterien – ganze 2 (zwei) schwerverletzte Polizisten übrig. Um Missverständnisse auszuschließen: Auch diese 2, wie alle Verletzten, hätte es nie geben dürfen und jegliche Gewalt, egal ob gegen Sachen oder Menschen, ist falsch.

Wir erleben auf einer in diesen Tagen konzentriert medial nachvollziehbaren Szenerie das alte Spiel: Man hat den Eindruck, die Gefährlichkeit und die Bedrohung einer Situation wird argumentativ und medial aufgebaut, um den Gegner anschließend diffamieren zu können, zu demontieren, sein Ansehen, den Wert seiner Ziele in Verruf zu bringen. Denn was im Raum steht, gilt. Wer sich verteidigen muss, sich gar rechtfertigen oder entschuldigen will, hat verloren.

Er gesteht Schuld ein. Der, der die andere Seite auf diesen Weg zwingt, hat das Recht vermeintlich auf seiner Seite. Leider nicht der, der sich die vielleicht klügeren, fortschrittlicheren und bedenkenswerteren Ziele auf die Fahne geschrieben hat. Wer im Geiste als zerstört gilt, ist es auch auf dem Feld. Auch das ist klassische Tragödie.

6. Juni
Lehrstück Heiligendamm

Die Wirklichkeit scheint nie zu sein, was wir dafür halten … So schnell konnte man dann doch nicht damit rechnen, was sich zu bestätigen scheint: Ein

Fernsehsender berichtet, dass heute Nachmittag Demonstranten um Heiligendamm in ihrer Mitte einen angeblich verdeckten Ermittler enttarnt haben, der – in schwarzer Kleidung und das Gesicht vermummt – als Teil des *Schwarzen Blocks* – andere Demonstranten zum Steine werfen und gewalttätigem Vorgehen gegen die vor Ort anwesende Polizei angestachelt haben soll.

Also doch nicht grundlos die Frage: Wem nützt es? Aber was, wenn auch diese Enttarnung inszeniert ist, um Argumente zu haben? Was ist wahr, was ist behauptet? Wer oder was steckt hinter den Dingen? Und immer wieder: Wem nützt es, was passiert? *Warum* passiert etwas? Rostock und Heiligendamm könnten zu einem ganz neuen Lehrstück werden …

Nie bildet nur, was von uns selbst erlebt, sondern vor allem: was von uns selbst erfahren wird, den Grundstock, auf dem *Schreiben* möglich ist. Egal, wie weit man von den Dingen entfernt ist – oder sich entfernt glaubt.

6. Juni
Mitten im Krieg

Und wieder Schlachtgetümmel, nur diesmal Jahrzehnte früher: D-Day. Über sechzig Jahre ist dieser Tag her, an dem Alliierte Truppen in der Normandie an Land gingen, um Europa vom Chaos eines Krieges zu befreien. Normalerweise fühlt man sich weit weg von dieser Zeit. Und doch erinnere ich mich an das mediale Großereignis vor ein paar Jahren, die Berichterstattung über die offiziellen Veranstaltungen im Westen Frankreichs – weniger, weil ich besonders betroffen war, es ist eine längst vergangene Zeit. Glaubt man zumindest.

Bis in einem fast überhörten Nebensatz während eines Telefonats die Mutter zum ersten Mal davon erzählt, ihren eigenen Vater, meinen Großvater, an jenem D-Day das letzte Mal in ihrem Leben gesehen zu haben. Er, auf Heimaturlaub, musste am 6. Juni 1944 zurück an die Front. Was er damals sagte, wurde wahr: *Wir werden uns wohl nicht wiedersehen.*

Er blieb tatsächlich in diesem Krieg. Seine Frau ließ ihn bis zu ihrem Tod, Anfang der 80er Jahre, nie für tot erklären. Bis zuletzt hatte sie gehofft, er würde eines Tages aus Gefangenschaft zurückkehren und das Leben könne weitergehen, als sei nichts geschehen.

Diese Hoffnung sollte ihm vor allem die Chance nehmen, sich hinter einem – von allen vermuteten, von ihr aber angezweifelten – Tod verstecken zu können: So wollte sie ihren verlorenen Mann aus dem von ihr geahnten, irgendwo geführten zweiten Leben treiben können. Weglocken von einer anderen Frau, einer anderer Familie, einer anderer Stadt und zurück in ihre Arme. Aber nichts von allem passierte, sie blieb ihr Restleben allein.

Den Tod des eigenen Ehemannes anzuerkennen, ohne die tatsächliche Gewissheit zu haben, hätte auch heißen können, das vermutete zweite Leben dieses Mannes zu respektieren: die neue Frau, die neuen Kinder, die neue Identität. Vermeintlicher Tod als Flucht aus dem Leben. Dann schon lieber einen Menschen leben lassen, wie man ihn leben sehen will.

Heute aber, an diesem 6. Juni, über zwanzig Jahre nach dem Tod meiner Großmutter, mehr als sechzig Jahre nach Kriegsende, ist für alle Zeit klar, dass ihr Mann nicht mehr zurückkommen wird. Sein Leben hätte ihn längst selbst überlebt, er wäre weit über einhundert Jahre alt. So gut aber lebte es sich nie in unserer Familie, so unbekümmert jedenfalls nicht, um so alt zu werden.

Soll er doch damals ruhig irgendwo ein zweites Leben begonnen haben, soll er doch eine zweite Frau gefunden haben, eine andere Familie, eine neue Sprache gelernt haben, um das verhasste Deutsche zu vergessen, soll er. Mit Hundert kehrt keiner zurück.

Ich war nicht darauf vorbereitet, so etwas zu hören. Ich wollte raus. Ich lief dorthin, wo ich in dieser Stadt am ehesten zu Hause bin: an ihrem Rand. Am Ende, nach einem langen Marsch, saß ich irgendwo zwischen Ruinenberg und preussischen Parks und habe geheult. In all den vergangenen Jahren hatte ich nur selten an meinen Großvater gedacht. Er war mir nie wirklich nah, aber erst heute habe ich ihn wirklich verloren.

Keiner bereitet uns darauf vor, dass uns die große, weite Politik da draußen jederzeit einholen

kann. Dass wir selbst Betroffene sein könnten, noch bevor wir
es ahnen. Aber wir sind immer
näher dran, als wir wahrhaben
wollen.

7. Juni
Greenpeace in Heiligendamm &
Michael Kohlhaas in Wittenberg

Es lässt sich wohl nicht vermeiden, dass in Zeiten wie diesen, angesichts täglich neu über Bildschirme flimmernder Bilder, sich alle Gedanken um jenen Gipfel in Heiligendamm drehen. Heute waren es Bilder von einer lebensbedrohlichen Jagd auf Menschen – Greenpeace Aktivisten in Schlauchbooten, die verbotenermaßen versuchten, in eine gesperrte Wasserzone einzudringen. Offensichtlich ein Polizeiboot überfährt auf dieser Jagd eines der leichten Schlauchboote, drückt es fast unter Wasser. Die Aktivisten sind – trotz sichtbar erhobener, kapitulierender Hände – massiver Gefahr ausgesetzt – auch wenn sich alles letztendlich als ein Unfall erweisen sollte.

Was bleibt einem angesichts der Ratlosigkeit, auch Fassungslosigkeit, die auf solche Bilder nur folgen kann? Man zieht sich zurück in seine Bücher. Man sucht Schutz, hält sich Augen und Ohren zu. Und dabei fällt einem ausgerechnet eine der schönsten deutschen Novellen in die Hände: Heinrich von Kleists *Michael Kohlhaas* – geschrieben im Jahre 1808.

Gewalt gebiert Gewalt

Michael Kohlhaas ist die Geschichte eines zu den Herrschenden gehörenden Gutsherren, der wegen Nichtigkeiten lange Jahre vergeblich um sein Recht kämpft, am Ende vor ohnmächtiger Wut selbst zum Ungerechten wird und eine ganze Stadt, Wittenberg, in Schutt und Asche legt. Er scheitert, weil er sich auch nur genau jener Mittel bedient, gegen die sich sein Protest einst richtete.

22

Wo Gewalt neue Gewalt gebiert, läuft alles aus dem Ruder. Ich beschließe, die flimmernden Bilder abzuschalten und heute Abend *Heinrich von Kleist* zu lesen.

7. Juni
Lichtfest

Aus Angst zu vergessen, was in meinem Kopf langsam Konturen annimmt, sitze ich an diesem Morgen, für den zum ersten Mal in diesem Sommer der Beginn einer Hitzewelle vorausgesagt wird, schon früh halb sechs am Schreibtisch und arbeite an einem neuen Buch: *Das Lichtfest*. Es geht um die beiden Hauptfiguren *Ellen* und *Walter*, ihre Liebesbeziehung, die späte Ehe in den 50er Jahren, die Kinder, den Streit des Alltags, am Ende um ihre Trennung, zwei Tage vor Mauerbau, der sie jeglicher Chance beraubt, je wieder aus eigenen Gefühlen zueinanderzufinden. Egal, wie sie ihre Meinung ändern, Reue zeigen oder umeinander flehen würden.

Ein allzu bekannter Gedanke verfestigt sich immer mehr: Der Entzug gesellschaftlicher Geborgenheit zwingt jeden dazu, das Vermisste im Privaten zu suchen. Das an sich scheint nichts Neues und vielleicht erst recht nichts Verwerfliches? Der Ursprung allen sozialen Lebens liegt im Privaten, Familiären, im Miteinander also jener kleinsten Lebensform.

Das Problem scheint, je mehr eine Gesellschaft Geborgenheit anpreist - Heimatland oder auch gar Vaterland zu sein - je größer ist die Hoffnung für jeden Einzelnen - und um so größer nach Jahren die Enttäuschung, wenn ihm diese Geborgenheit entzogen wird. Hoffnung würde nur noch auf Privates gesetzt.

Aber erweist sich auch diese Hoffnung irgendwann einmal als aussichtslos, weil nichts mehr als der Ort empfunden wird, zu dem es einen zieht, bleibt nur noch Rückzug in Fantasie.

8. Juni
Fantasie & Wirklichkeit

Heiligendamm: Ich bin beruhigt. Die Wirklichkeit bleibt sich selbst treu, sie ist nicht nur, was sie zu sein scheint. Es gibt sie wirklich … Heute Nachmittag kam das offizielle Eingeständnis über die Nachrichten: Der inmitten der Demonstranten vor Heiligendamm vor wenigen Tagen aufgegriffene Vermummte soll tatsächlich ein verdeckter Ermittler der Polizei gewesen sein.

Ein bisschen ist das – und ich bekenne, das ist nicht ohne Ironie gemeint – wie *Schreiben*, wie das Ausdenken von Geschichten für Filme oder Bücher. Man schlüpft in eine fremde Hülle, andere Figuren und denkt sich ein fremdes Leben. Man kitscht sich ein und will – so genau wie möglich – die Figuren zeichnen, nach denen das Spiel verlangt. Und man will sie regelrecht selbst *leben*. So mag sich auch ein verdeckter Ermittler fühlen.

Beim *Schreiben* jedenfalls unabdingbar ist dafür der Sinn für Realität. Stellen wir uns also vor: Ein Vermummter, der sich als Teil des *Schwarzen Blocks* ausgibt, verkennt, dass dieses *im Block auftreten* auch heißt: Es ist ein Zusammenschluss *vieler* Gleichgesinnter. Wer also in diesen Block als einsamer Streiter eintaucht – johlend und Parolen schreiend nach vorne stürmen mag – macht andere misstrauisch. Wer nicht mindestens zwei, drei Gleichgesinnte neben sich weiß, die für ihn sprechen, weil sie ihn kennen, liefert sich erst recht aus und hat sich schon verraten.

Der *Schwarze Block* mag ohne Hierarchien funktionieren, aber mit Sicherheit ist er nicht das Zusammenspiel von Einzelgängern. Wer dem dennoch auf den Leim geht, fällt auf.

Und um zum *Schreiben* zurückzukehren: *Genauigkeit* ist Voraussetzung, um wahrhaftig zu sein: Ein falscher Griff in die Asservatenkammer und der Deal fliegt auf. Ein *Slipknot* Shirt mag anderswo passend sein, bei Autonomen stiftet es sicher eher Verwirrung.

In der Realität heißt das: Ein *Slipknot*-Kapuzenshirt passt irgendwie nicht nach Heiligendamm. Das Shirt einer Metalband inmitten einer von HC, Emo und Trash, Deutschpunk und ja – vielleicht auch jeder Menge Hippielieder – bestimmten Protestszene scheint fehl am Platz. Was nicht heißt, Metaller würden nicht ebenso Teil dieser Proteste sein. Aber die Grenzen sind fließend und dennoch sehr genau.

Und das Ende der ganzen Geschichte? Wie schon gesagt: Genauigkeit ist *die* Voraussetzung, um wahrhaftig zu sein. Und – Fantasie und Wirklichkeit liegen manchmal sehr weit auseinander.

11. Juni
Rasenlatscher in Sanssouci

Einhundertzwanzig bunte Leute trafen sich gestern Nachmittag, am Sonntag, auf den Wiesen des Park Sanssouci, um ein fröhliches Picknick zu feiern. Nicht ungewöhnlich – eigentlich. Nur ist es eben angesichts der seit einem halben Jahr wiederbelebten rigiden Parkordnung offensichtlich eine Straftat. Bemerkenswert, dass die von Wachleuten des Parks herbeigerufenen Polizeibeamten nicht einschritten, offensichtlich unter Hinweis auf Absprachen zwischen Polizeipräsidium und Leitung der Schlösserstiftung. Denn – wie es hieß – müsse die Stiftung schon selbst dafür sorgen, ihre Hausordnung durchzusetzen.

Klingt doch alles vernünftig. Noch vernünftiger wäre es zu überlegen, ob Potsdam und dieser Park wirklich diesen Titel *Weltkulturerbe* braucht, um Touristen anzuziehen. Oder ob nicht auch in Bezug auf die Wahrung von jahrhundertealter Kultur ein paar moderne und innovative Gedanken angebrachter sind, als die verstaubte Konservierung alter Zustände. Die Aberkennung des Weltkulturerbe-Titels jedenfalls wird immer gern als Begründung vorgebracht, um gegen die über Wiesen latschenden Kleinkinder, gegen freilaufende Hunde und Fahrrad schiebendes Fußvolk vorzugehen und horrende Ordnungsstrafen zum Schutz der Parks anzudrohen.

Es ist die alte Frage: Wer ist eigentlich für wen da? Und was und welche Gelder verwaltet eine Stiftung eigentlich in wessen Auftrag? Dieser offensichtliche und seit Monaten in der Stadt schwelende Streit wird sich wohl noch lange hinziehen. Und der schadet einer Touristenstadt mit Sicherheit mehr, als ein verlorener, erstarrter Titel. Zum Erbe der Weltkultur wird etwas nicht durch seine Klassifizierung, inklusive Verleihung eines Titels, sondern dadurch, dass die die Weltkultur Erbenden - Bewohner und Touristen also - sich der Kulturgüter immer noch bedienen, sie annehmen und sie wirklich erleben.

Schließlich geht es um Welt*kultur*erbe und nicht um Welt*kunst*erbe. Letzteres mag größtenteils mit einer statischen und ehrfürchtigen Betrachtung zu tun haben – Kultur dagegen ist immer noch die Gesamtheit menschlicher Lebensäußerungen und damit etwas sehr, sehr Lebendiges.

Auch, wenn dies in manchen Klassifizierungskatalogen nicht auftauchen mag. Kultur hat etwas mit Berühren, Erfahren, Erleben, Spüren, mit Leben, Reagieren, Agieren zu tun. Mit so simplen Dingen, wie barfuß über Rasen latschen.

Sicherlich auch mit Respekt, das Vorgefundene nicht zu zerstören – und dagegen sollte man auch vorgehen. Aber eben nur dagegen, denn die Stigmatisierung aller Parkbesucher zu reglementierungsbedürftigen Ignoranten gegenüber weltkulturellen Überlieferungen, wäre wohl auch nichts weiter als kulturlos.

Und – ganz nebenbei – nichts wäre beschämender, als Horden von Touristen in riesigen Filzpantoffeln im Gänsemarsch durch die Parks und Gärten ziehen zu sehen. Andächtig schweigend, bitte …

12. Juni
Leseprobe

liebeskummer
der tropfen fällt
und bricht so wolkenherz
für regen

zu früh gefreut
der käse will im
bauch der maus entfliehen
da schlägt die falle zu

Wortlos
still der wald
das reh lauscht dem mond
ein schuss fällt

15. Juni
Still muss es nur sein ...

Laut und grell: Vor einem Jahr ging ein Aufschrei durch diese Stadt: *Wie konnte das passieren?! Hier, wo alles so friedlich ist?!*

Ein Mann wird an einer Haltestelle ins Koma geprügelt. Bundesweit versetzt dieser Vorfall die Menschen in Aufregung. Heute, ein Jahr später, erfolgte der Freispruch der Angeklagten.

In dieser Stadt herrscht Stunden nach diesem Freispruch eine fast schamvolle Ruhe – fast, als wäre es allen peinlich, was sie damals mit ihren bunten Tüchern gefordert hatten: *Potsdam bekennt Farbe.*

Durch mein geöffnetes Fenster dringt leise, chillige Musik aus den Kneipen der Straße. Das Stimmengewirr und das unzählige Geklapper von Gläsern und Geschirr, das herauftönt, lässt vermuten: den Leuten geht's gut. Sie genießen ihre Ruhe. Still muss es eben nur sein, um ungestört zu bleiben.

16. Juni
Déjá-vu

Mich plagt gerade die bittere Erkenntnis, dass die Aussicht, morgen Abend wohl ein paar altgediente Bands beim Stadtfest live erleben zu können, das depressiöze * Potential eines typischen Wochenendes ins Unermessliche heben könnte – nämlich wenn man feststellen muss, dass man eine dieser Livebands zuletzt vor 20 (in Worten: zwanzig) Jahren auf einer Bühne erlebt hat. Es war ein Konzert in Leipzig und diese Band spielte, wenn ich mich recht erinnere, als Vorband eines damals angesagten Weltmusikers.

Und ich grübele, ob dieses geballte Auftauchen von Erinnerungen zufällig ist. Man kennt so etwas ja aus Erzählungen anderer, die jenes legendäre *weiße Licht* schon einmal in ihrem Leben sehen mussten: Wenn es aufs Ende zugeht, rauscht das ganze Leben noch einmal an einem vorbei. Na prima, aber erst mal mach' ich morgen richtig Party.

* ich weiß, dass es dieses Wort nicht gibt, aber es hat den ironischsten Klang von allen möglichen Varianten …

16. Juni
Sonnabendabend

Die Angst, der Fülle an Büchern nicht hinterherlesen zu können. Die Befürchtung, all die Stapel auf Tischen, neben dem Bett und in den Regalen nicht schaffen zu können. Es fehlt einfach Zeit, sich nur darauf zu beschränken. Aber, was wäre das denn für ein Leben: nur aus zweiter Hand und gefiltert? In eine Welt zwischen ein paar hundert Seiten und zwei leinengebundenen Klappdeckeln abzutauchen - während vor meinem Fenster die johlenden, schon angetrunkenen Samstagabendhorden vorbeiziehen? Keine Frage, vor diese Entscheidung gestellt, wäre mir ein Leben aus zweiter Hand dann doch lieber.

18. Juni
Leseprobe

o-n-s
der morgen verglimmt
im rauch der kerze zieht auch
das mädchen fort

21. Juni
Leseprobe

für pia

ich hab dich nie gesucht
und trotzdem gab es dich
ich hab dich nie gewollt
und trotzdem braucht ich dich

ich hab dich nie erkannt
und trotzdem spürt ich dich
ich hab mich oft versteckt
und trotzdem fandst du mich

du warst mir immer nah
hab trotzdem dich vermisst
ich hoffte ein leben lang
und hab dich nie geküsst

ich werd dich nie verlassen
und trotzdem wirst du gehen
ich werd dich immer halten
und trotzdem wirds geschehen

ich wünsch dir alles glück
und trotzdem nicht genug
was sollt ich dir bedeuten
wo alle hoffnung ich begrub

ich hatte einen traum voll sehnsucht
und trotzdem wurd mir kalt
nun starre ich nachts ins dunkle
und du du fehlst in allem

83

25. Juli
Lichtfest

Schreibe nachmittags wieder an *Das Lichtfest*. Was ist das? Ein Roman? Eine Erzählung. Ein essayistischer Roman? Und immer wieder die Frage, worum geht es eigentlich?

Was hat diese Figur *Ellen* denn dazu gebracht, sich in ihrem Leben abzuschotten und sich irgendwann nur noch auf die Erziehung ihrer vier Kinder als alleinigen Lebensinhalt zu konzentrieren? Das beschämende Gefühl, auch in einer sich sozial gebenden Gemeinschaft – als Alleinerziehende – doch vor allem nur allein sein zu müssen? Aus Trotz, mit dem sie sich gegen Diffamierungen zur Wehr setzte, denen man damals, in den 60er Jahren, um ein Vielfaches häufiger ausgesetzt war, als heute? Oder war es aus dem Gefühl, einer übergroßen Liebe schutzlos ausgeliefert gewesen zu sein, mit rasendem Schmerz sich selbst überlassen zu werden, weil der Mann Wochen vor Mauerbau im Westen blieb? War es also am Ende vielleicht vor allem – oder nur – verletzter Stolz, sitzengelassen worden zu sein? Der Versuch, die täglichen Entbehrungen durch Konzentration auf das Wesentlichste in den Griff bekommen zu wollen, durch Verzicht also? Sich auf das Machbare konzentrieren: die Erziehung der Kinder bis zu Selbstaufgabe, mit der tragischen Konsequenz, dass für das eigene Leben keine Zeit, vor allem aber kein Fünkchen Lust auf dieses mehr blieb?

Oder ist doch vieles in unserem Leben nur dem Zufall geschuldet: Es lief halt wie es lief, weil sich nichts anderes ergab? Es musste so kommen, weil man zur falschen Zeit am falschen Ort war, wie wir entschuldigend resümieren? Weil also die, die immer ganz oben schwimmen, eben immer auch zur richtigen Zeit am richtigen Ort sind?

26. Juli
Leseprobe

man geht
so war es schon
als alles grad begann
vorbei
wir hatten nichts geahnt
verzückt im rausch verkommen
blind
und hätten beide niemals mehr erhofft
noch kaum dass einsamkeit allein gebiert ein
paar
denn zweifel trieb was niemals war noch sollte sein
in leinentuch gehüllt und stunden quälend durch das
glück
als erste nebelsonne wärmte ging die nacht
der morgen kam und mit ihm nichts als bleiern toten
stille

13. August
Noch 24 Stunden …

So soll es also sein, lange genug wurde gewartet: Endlich geht es weiter – nach über sieben Wochen, in denen in diesem Weblog nichts notiert wurde. Weil manchmal in unserem Leben Dinge passieren, mit denen wir nie und nimmer rechnen: Dass es uns selbst irgendwann erwischen könnte. Dass wir herausgerissen werden aus dem, was wir, täglichem Gleichlauf verfallen, tun. Plötzlich besteht Leben nur noch aus scheinbar unwichtigen Erinnerungsfetzen: das knirschende Geräusch und der fade Geschmack kleiner Kieselsteine im Mund, das Blaulicht noch weit hinter der Kreuzung, das plötzlich einem selbst gelten soll, die fremden Hände in glibberigen Schutzhandschuhen, die einen erstversorgen, sich fürsorglich kümmern und doch kalt bleiben.

Acht Tage werden sich auf den folgenden Seiten noch einmal so abspulen, wie damals geschehen. Leben, nachbereitet – vielleicht nicht wirklich aktuell, nicht wirklich dem Verlangen von Lesern genügend, teilhaben zu können am tatsächlichen Leben des Anderen. Eher eine altmodische Rückbesinnung, in der Art eines Tagebuchs geschrieben, dessen Inhalt längst von Aktuellerem überholt wurde. Vielleicht entspricht dieses *Schreiben*, das nur vortäuscht, es wäre alles eben erst passiert, nicht dem vermeintlichen Idealzustand des öffentlichen *Schreibens*, dem wohl jeder Blogger nachhechelt: Im sekundenkurzen Moment des Erlebens schon darüber schreiben und andere daran teilhaben lassen zu können. Und dennoch wäre es den Versuch wert: Soll sich doch auf den kommenden Seiten die Art des öffentlich Dokumentierens verbinden mit der alten, aber erprobten Art des bloßen Erzählens von einer Begebenheit …

Alles begann an einem jener verregneten Sommertage in diesem Jahr, an einem Dienstagabend Ende Juni. Ab jetzt wird in den folgenden Texten noch einmal passieren, was war …

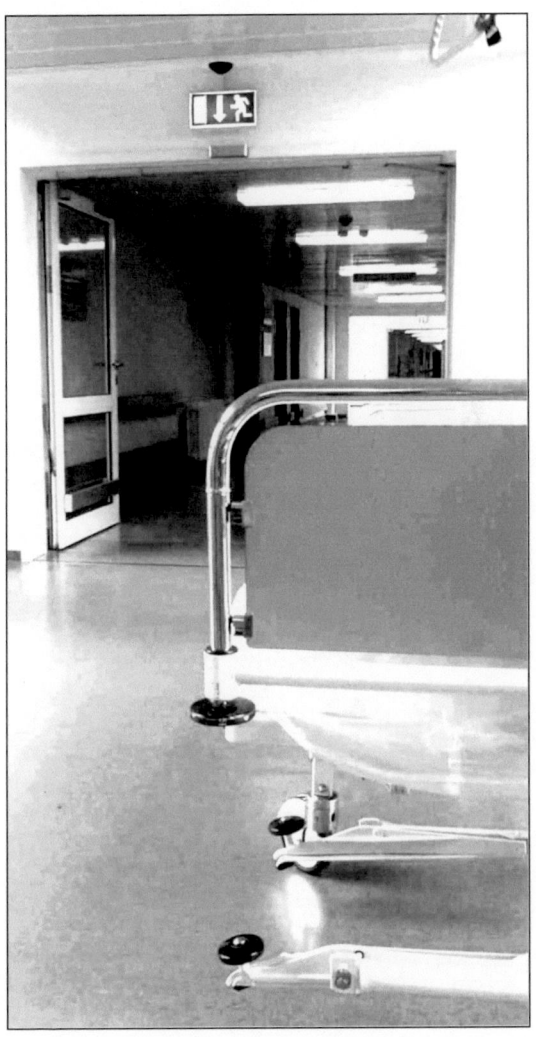

14. August
Im Dreck liegen

Es ist Dienstag, der 26. Juni, 18:30 Uhr - Wie jeden Tag ist halb Sieben der Rechner heruntergefahren, meine kleine, schwarze Hündin sitzt in Wartestellung an der Tür, überglücklich schwanzwedelnd, als es endlich losgeht. Ich hab keine Lust auf einen Spaziergang: Es ist diesig, verregnet, die Wolken hängen tief. Ein Novemberabend im Hochsommer.

Wir drehen die allabendliche Runde. Nauener Tor, Bassinplatz, um die Wiesen, um den Friedhof. Eine merkwürdige Stimmung, der feine Regendunst, der sich zwischen den Sträuchern und Gräbern festzusetzen scheint. Bedrückend. Ich will weg aus dieser dunklen Ecke. Der weite Platz neben dem Friedhof, wohl auch einer dieser typisch preußischen Exerzierplätze aus vergangenen Jahrhunderten, schafft Raum. Das Kopfsteinpflaster glänzt im Regen und Licht der Autoscheinwerfer. Nie schließt die abendliche Hunderunde diesen Platz ein, nie wird er mit umrundet, also warum nicht heute einmal …

Später frage ich mich oft, warum an diesem Abend. Als mich diese Frage das erste Mal durchzuckt, liege ich am Boden, im feuchten Dreck dieses Platzes. Ungebremst aufgeschlagen mit dem flachen Gesicht. Das Letzte was ich sah, war dieser braune, gewaltige Hund, der meiner Hündin nachwollte – mir dabei rücksichtslos beide Beine, die im Weg standen, wegschlagend. Ich höre das Geschrei von anderen, während ich merkwürdig stumm bleibe. Jedenfalls bleibt in den Bruchteilen eines solchen Geschehens wohl offenbar nur selten Zeit zur Wahrnehmung. Die Besitzerin bändigt nur mit Mühe ihr aggressives, kampfhundartiges

Tier. Ich weiß nicht, ob ich benommen war oder es noch bin. Ich raffe mich auf, sehe erst jetzt die ganze Szenerie vor einem der Imbisspavillions, vor mir die Gruppe der dort häufig sitzenden und wohl auch häufig trinkenden Frauen und Männer. Irgendwie sind alle aufgesprungen. Jemand reicht mir Zellstoff, Blut tropft mir von der Schläfe. Ich fühle mich niedergeschlagen, hilflos, matt und setze mich auf eine der Bierbänke. Ich merke, wie das angesammelte Regenwasser mir den Hosenboden durchnässt. Es ist mir egal. Die Schmerzen drücken. Innerhalb weniger Sekunden bin ich ein anderer: zerissen, verdreckt, blutend, inmitten bedrückend alkoholvernebelter Luft.

Plötzlich machen mich die Hektik und die Aufmerksamkeit aller, die mich umstehen, stutzig. Ich spüre, abgeschottet zu werden. Zuerst ist es nur diese Wahrnehmung und nicht die rationale Frage, wo und wer ist der Schuldige, die mich dazu bringt, mich umzudrehe. Aber ich kann niemanden erkennen. Hunde und Besitzer sind verschwunden. Eine Stimme fragt, ob ich einen Arzt brauche. Ich wundere mich, wie bestimmt ich *Ja* sage, so Schwäche eingestehend.

Als ich das Blaulicht sehe – auch das kaleidoskopartig im regennassen Pflaster verstärkt – ist keine Minute vergangen. Glibberige, gummiartige Handschuhe greifen nach meinem Kopf. Ob ich bewusstlos war, was wirklich schmerzt und – ob ich getrunken habe … *Nein! Nein!* Ich wiederhole es, nichts ist mir in diesem Moment unangenehmer, als zu einem oft nur verachteten Milieu zugehörig abgestempelt zu werden. Der Satz harkt sich fest in meinem Gedächtnis: *Ich bin keiner von hier.*

Aber wo denn endet dieses *hier*, und wo beginnt

noch mein *dort, wo ich herkomme* – so verdreckt, aufgeweicht, mit Blut beschmiert mein Gesicht, Hände und meine Kleidung sind? Als ich in den Rettungswagen steige, denke ich ein zweites Mal: *Warum heute?* Immer trage ich schwarz, warum heute kaki-farbene Hose, Jacke, Shirt? Jeder Fleck darauf erniedrigt mich. Sich dagegen aufzubäumen, hilft aber wohl auch, die Schmerzen zu ertragen.

Bevor sich die Tür des Wagens schließt, sehe ich die dunklen Augen meiner Hündin. Ich kenne diesen verständnislosen Blick, zurückgelassen zu werden. Wer hat F. an einen Baum gebunden?

14. August
eingeliefert - ausgeliefert

Es ist Dienstag, der 26. Juni, 20:15 Uhr Ich bin fremden Blicken ausgeliefert, seit über einer Stunde. Der kalte Gang der Rettungsstelle im Klinikum. Stuhlreihen an den Wänden. Ehepaare, alt und jung, Mütter mit Kindern, Männer mittleren Alters. Alles sitzt an diesem Abend und wartet. Niemandem ist sein Schmerz, seine Verletzung anzusehen und so starren alle auf mich: zerissen, blutverschmiert, dreckig, das Gesicht geschwollen, Auge und Schläfe blutunterlaufen.

Ich weiß nicht, wie ich sitzen soll und versuche doch, Haltung zu wahren. Mehr als mein eigener Schmerz schmerzt mich wieder einmal, dem Missverständnis Fremder, Starrender ausgeliefert zu sein. Dass man mich für jemanden hält, der ich nicht sein will. Dies ist ein Gefühl, das ich in all den nächsten Tagen nicht loswerden werde, wie ich Wochen später feststelle. Mein Unmut wächst, ich möchte aufstehen und mitten im Gang, auf einem Stuhl über allen stehend, klarstellen: *Ich bin nicht betrunken! Ich habe mich nicht geprügelt! Ich bin nicht OWF!* *

Ich stehe auf, laufe umher, verkrieche mich in einer Ecke, die von den übrigen Wartenden nicht eingesehen werden kann. Ich telefoniere mit meinem besten Freund (*Er kümmert sich um meinen Hund.*), mit meiner Mutter, ein paar hundert Kilometer entfernt (*Ich beruhige sie, sie möge sich nicht in den Zug setzen und kommen.*), mit meinem Assistenten (*Ich weiß, er wird tun, was nötig ist, um das Projekt weiterlaufen zu lassen.*). Und ich wähle den Notruf der Polizei, denn mir wird langsam klar, dass Probleme auf mich zukommen könnten. Ich bitte den Beamten am Telefon um Hilfe, man möge am Ort des Geschehens, jenem Trinkerpavillon, mögliche Personalien feststellen. Der Beamte sichert mir zu, sofort jemanden auf den Weg zu schicken. Genau das aber passiert nicht, wie ich später erfahre …

(*ohne festen Wohnsitz)

Leseprobe:

eine kurze romanze
es bat der stein den regen
komm lass dich bei mir nieder
ja sprach der tropfen und schlug auf
die sonne später brannte weg was von ihm blieb
der stein lag da und schwieg

14. August
Trauma

Es ist Dienstag, der 26. Juni, 21:25 Uhr - Endlich werde ich ins Behandlungszimmer der Rettungsstelle gerufen, nach über zwei Stunden des Wartens. Es folgt das Übliche: Ich bekomme eine Thetanus-Impfung, die klaffende Wunde am Auge wird geklebt, eine 360 grd Aufnahme vom Kopf wird gemacht. Plötzlich freue ich mich: In einer viertel Stunde ist der lange Abend vorbei, ich bin zu Hause, dann heißt es schlafen, ausruhen, morgen geht alles weiter, wie geplant. Falsch.

Der Arzt – freundlich, erklärend, geduldig, aber scheinbar unbeteiligt – stellt es mir frei. Ein Schädel-Hirn-Trauma hätte ich. Wenn ich gehen will, könne ich gehen – er aber würde mir empfehlen, 48 Stunden zur Beobachtung stationär aufgenommen zu bleiben. Ich willige ein, ohne lange zu überlegen. So kraftlos hat mich – gewohnt, seit Jahren allein klarzukommen – alles gemacht, dass ich mich fremder Hilfe stelle. Auch das wird mich Wochen später noch immer überraschen: Wie sehr wir unser Leben in Gedanken auch durchspielen mögen, um auf alles vorbereitet zu sein – wie sehr wir auch wichtige Lebensentscheidungen gern vorab als endgültig festlegen mögen – wenn es instinktiv andere Entscheidungen braucht, treffen wir diese, ohne zu zögern.

Minuten später schiebt mich der Notarzt selbst die Krankenhausgänge entlang zur Station, von den Schwestern dafür belächelt. Aber vielleicht ist er nicht wirklich so unbeteiligt, wie es mir Minuten vorher schien – ahnt er vielleicht, was Kollegen am nächsten Tag überrascht feststellen werden: dass – mehr als eine Gehirnerschütterung – mein Gesicht an *fünf* Stellen gleichzeitig gebrochen ist?

14. August
Ende eines langen Tages

Es ist Dienstag, der 26. Juni, 23:10 Uhr - Endlich. Ich liege in einem Bett, fremd zwar, aber ich kann ausruhen. Für die beiden anderen Patienten in diesem 3-Bett-Zimmer ist die spätabendliche Notbelegung wohl nicht mehr, als eine kurze Störung im abendlichen TV-Programm. Ich staune nicht schlecht: Fernseher?? Dreißig lange Jahre lag ich nicht mehr in einem Krankenhaus.

Ein jungscher Typ – gerade einmal zwanzig, wie ich schätze – fragt ungehemmt, was passiert sei. Er duzt mich. Ich bin zunächst irritiert. Etliche Jahre liegen zwischen uns, aber es macht mir klar: Hier sind wir alle nur Patienten, die dem Wohlwollen allein von Nichtpatienten ausgeliefert sind. Das verbindet und verbündet. Es ist das erste Mal an diesem Abend, dass ich grinsen muss. *Du bist nichts!* sage ich mir. Und so passiert es: Am nächsten Morgen schlurfe ich – mit der Gelassenheit eben dieses Satzes im Nacken – barfuß und im wehenden, viel zu kurzen, weißen Stationsnachthemd durch die Krankenhausgänge ... Nichts kann mich daran hindern.

An diesem Abend aber habe ich, was ich brauche: ein Glas Tee und ein Telefon. Unter der Decke versteckt, simse ich. Dieses in Kontakt bleiben können nimmt mir die Angst, ausgeschlossen zu sein. Auch das ist anders, als es dreißig Jahre zuvor in einem Krankenhaus war. Und auch: Die Schwester entschuldigt sich fast – immer wieder müsse sie nachts wohl zum Blutdruckmessen kommen. Ich lasse es geduldig über mich ergehen und bitte um eine Tablette gegen die Schmerzen.

Mag sein, dass die erhoffte Wirkung mich Minuten

später gleichgültig macht. Als ich die Augen aufschlage, hocken zwei uniformierte Polizeibeamte vor meinem Bett. Eine Frau im mittleren Alter erkundigt sich mit gedämpfter Stimme, was passiert sei. Und sie entschuldigt sich, dass man erst jetzt – über drei Stunden nach dem Notruf – den Hinweis erhalten habe, irgendwo Personalien feststellen zu müssen.

Nicht sehr kraftvoll erzähle ich, was passiert ist. Die Frau wiegelt ab, dies sei wohl eher eine Sache für das Ordnungsamt der Stadt, wenn ein Hund einem anderen Hund nachjage. Aber im selben Moment frage ich mich, was es zählt, verletzt im Krankenhaus zu liegen. Wie weit mag die Wahrnehmungsgrenze verschoben sein, wenn man täglich zu ähnlichen Fällen gerufen wird. Ich will an diesem Abend nicht diskutieren.

15. August
Mit Hoffnung allein hat das nichts zu tun …

Es ist Mittwoch, der 27. Juni, 20:45 - Ich liege regungslos auf meinem Krankenbett, dieser kleinen, geschützten Insel, die allein mir gehört. Diesmal nun steht diese Insel mitten im Gang der Augenklinik, ein paar Stationen höher gelegen. Ich warte, dass die diensthabende Ärztin mich untersucht … seit einer Stunde schon, in der ich mit einer *Halskrause* zur Bewegungslosigkeit verdammt bin.

**Hoffnung Hoffnung
Resignation Resignation
Trauer Trauer**

Der Tag begann früh. Halb sechs ... Ich habe schlecht geschlafen, eigentlich kaum, vor Schmerzen. Als das morgendliche *Aufweck-, Reinigungs- und Aufmunterungskommando* aus Schwestern, Pflegern und Zivis das Zimmer *durchpflügt,* bin ich froh, nicht länger liegen zu müssen. Aufrecht sitzen will ich und warten was passiert. Ich habe nichts: kein Zahnputzzeug, kein Handtuch, nichts zum Lesen, mein Handyakku ist leer, das Kabel fehlt. *Ich bin nichts!* amüsiere ich mich über mich selbst. Also beschließe ich, mich dem weißen Alltag auszuliefern und nehme, was ich bekomme, als gegeben. Das heißt an diesem Morgen aber auch: Es gibt keinen streng ayurvedisch bereiteten Dinkelbrei, stattdessen lappriges Weißbrot mit Konfitüre, Streichwurst, Tee. Ich lasse mich bedienen und merke, dass es mir nichts nützt: Der Kiefer schmerzt. Ich bleibe hungrig.

Die alltägliche Visite der Handvoll Ärzte ist schnell durchstanden und bringt auch nichts. Zum ersten Mal höre ich, was ich bis zu meiner Entlassung hören werde: *Sie sind hier falsch.* Kein Fall für die Chirurgie, eher für die HNO. *Na, dann schiebt mich doch hin!* denke ich trotzig und bin doch froh, dass alle bis zum letzten Tag die Verlegung scheuen, denn ich beginne, mich mit meinem neuen Dasein zu arrangieren. Ich will, dass mir vertraut wird, was mich umgibt, will eben das Beste aus allem machen. In 48 Stunden ist alles geschafft.

Gegen Mittag drohen aus diesen 48 Stunden dann plötzlich acht lange Wochen zu werden: Ein Arzt kommt herein, legt mir eine Halskrause um und sagt: *Sie bewegen sich jetzt keinen Millimeter mehr, ihre Halswirbelsäule ist angebrochen.* Einen Millimeter weiter und ich hätte den Sturz nicht überlebt. Der junge Arzt erklärt es mir – zeichnet es sogar auf, um es verständlicher zu machen. Ich aber kann es gar nicht sehen – meine Augen füllen sich längst mit Tränen. Als der Arzt – noch immer kopfschüttelnd, dass mein verhältnismäßig ungeschwollenes Gesicht an fünf Stellen gebrochen sein soll – das Zimmer verlässt, bleibe ich stundenlang regungslos zurück. Immer hoffend, jede unbedachte, ruckartige Bewegung vermeiden zu können, um nichts zu riskieren. Diese Halskrause lässt mir auch kaum eine Chance. Ich liege eingezwängt und starre an die Decke. Ich rechne mir aus, was es bedeuten wird – für den laufenden Vertrag, für die nächsten Monate, für die Arbeit, das eigene, ungehinderte Leben. Und ich denke vor allem darüber nach, was – wenn wirklich das Schlimmste passiert wäre – ich in jenem letzten Moment gesehen, gedacht, gespürt habe. Was geblieben wäre.

Und so liege ich an diesem Abend noch immer, wenn auch inzwischen hin- und hergeschoben durch endlose Krankenhausgänge, nun also in der Augenklinik. Ich bin erstaunt, wie gelassen ich nach Stunden mittlerweile bin. Es setzt eine fast pragmatische Duldsamkeit ein: *Es ist wie es ist, mach das Beste draus.*

Das Beste in diesen Minuten aber ist, zum Nichtstun verdonnert zu sein und also *lauschen* zu können: den Geräuschen auf diesem Gang, den schlurfenden Schritten der vor allem alten Leute. Und dabei dringt unerwartet Amüsantes an mein Ohr, denn am Ende des Ganges sitzen vier alte Männer und reden und lachen über Politik des letzten Jahrhunderts. Jeder streitet für und gegen einen anderen Kopf der Geschichte: gegen Kohl, gegen Hitler, gegen Honecker, gegen Stalin. Man kann es sich nicht ausdenken, so skuril ist, was geschieht. Ich aber ahne, dass das Leben hier drinnen, ausgeliefert den ewig gleichen Abläufen eines Krankenhausbetriebes, nicht wirklich vom Leben draußen getrennt ist. Alles scheint nur irgendwie komprimierter, skuriler, offensichtlicher wahrnehmbar.

So hat auch der Abend seine logische Konsequenz: Als ich spät, gegen halb elf, erneut zu einer Untersuchung meines Halses durch die mittlerweile abgedunkelten, stillen Gänge des Krankenhauses geschoben werde, bin ich beruhigt. Die Ärzte geben sich nicht zufrieden, sie sind hartnäckig. Minuten später bin ich wieder zurück. Eine Freundin hat mir endlich die benötigen Sachen gebracht, ich freue mich, weil Vertrautheit mich zu umgeben beginnt. Kurz darauf tritt der Stationsarzt an mein Bett und nimmt mir überraschend die Halskrause ab. Der Halswirbel ist gesund. Ich schließe die Augen. Ich will nicht noch einmal, dass mir Tränen hervorschießen. Dass ich bereits am nächsten Tag operiert werden soll, dass Augenhöhle, Jochbein, Kiefernhöhle und was sonst noch alles gebrochen sind, scheint mir plötzlich nichtig, ein geringes Übel. Denn das ist nun wirklich in zwei, drei Tagen durchstanden.

Mir geht durch den Kopf, dass vor allem *Überschau-barkeit* uns unser Leben leicht macht. Dass es die Aussicht auf das Ende eines ungewollten, belastenden Zustandes ist, die uns über Unangenehmes hinwegkommen lässt. Das hat weniger mit Hoffnung zu tun, sondern mit der Gewissheit, dass Ungewolltes, Zwingendes seine Bedrohlichkeit verliert, wenn wir es einbetten in das *Davor* und *Danach*. Ich erinnere mich an ungeliebte Aufgaben, bedrückende Verpflichtungen: Immer habe ich mehr von jener Zeit danach geträumt, in der alles schon vorbei sein würde, als dass ich mich von Naheliegendem niederdrücken lassen hätte.

Vielleicht ist dieses *dem eigenen Leben ein klitzekleines Stück vorausleben* der Grund, dass am Ende alles tatsächlich sehr viel problemloser verlaufen sein wird, als ich an diesem Abend noch vermute.

17. August
Am Tropf der Wirklichkeit

Heute ist Freitag, der 29. Juni, 21:00 Uhr - Ich habe eine erste Operation am Jochbein/bogen hinter mir… Alles läuft erstaunlich unkompliziert, routiniert, fast unspektakulär ab. Zwanzig Minuten zuvor habe ich jene berühmt-berüchtigte LMA-Tablette erhalten, dann werde ich in den OP geschoben. Mehrere Frauen – Ärztinnen, Schwestern, ich weiß es nicht – sind eifrig mit Vorbereitungen beschäftigt. Sie drehen mir den Rücken zu. Das Letzte was ich denke ist: Wieso stehen eigentlich alle Türen offen, nichts ist abgeschottet, keine keimfreien Schleusen haben wir durchfahren – was auch immer ich mit meinen ausschließlich medial geprägten Vorstellungen eines OP-Saals verbinde.

In Wirklichkeit aber bin ich froh, dass es diese Offenheit gibt, weil sie alle vorher immer wieder aufgeflackerten Gedanken zunichtemacht: jene Angst vorm ungewollten Ende. Was, wenn sich hinter mir die Türen für immer schließen, weil es während der OP Komplikationen geben würde?

Sekunden später interessiert mich keiner dieser absurden Gedanken mehr – denn da habe ich schon eine Spritze gesetzt und den Narkoseschlauch (oder war es der Beatmungsschlauch?) übergestülpt bekommen. Ich bin in einer anderen Welt, in der die Banalitäten des Lebens nicht wirklich mehr eine Rolle spielen.

Was dann geschieht, ist das eigentlich Faszinierende dieses Tages: Ihre Informationspflicht erfüllend, erklärten Ärzte mir vorab jeden kleinen Schritt eines solchen Eingriffs. Detailliert konnte ich im Voraus erleben, angereichert mit den Bildern eigener Fantasie, was passieren würde: die

99

Haken, die man von mehreren Seiten durch Wange und Schläfe führen würde, um die niedergedrückten Knochenteile zurück in ihre angestammte Position zu ziehen. Risiken – Chancen – Komplikationen. Dann aber, wenn alles wirklich passiert, wenn diese vorausgedachten Prozeduren auch tatsächlich stattfinden, bleibt man – *hilflos, narkotisiert unterm Messer liegend* – von den Vorgängen ausgeschlossen. *Das* gibt es so sonst vielleicht nur in ähnlichen Vorgängen, wie dem des *Schreibens*: vorausdenken, durchleben, mit eigener Fantasie bereichern, am Ende aber, wenn das Vorabgedachte tatsächlich zum Leben erweckt wird – sei es durch die Fantasie eines Lesers oder durch die realen Inszenierungen eines verfilmten Drehbuchs – ist man als Autor von diesen – seinen – erweckten Lebensfantasien ausgeschlossen.

Egal, das Leben geht weiter. Keine halbe Stunde dauert der Eingriff, noch eine halbe Stunde am Tropf, eine Stunde später stehen die ersten Freunde an meinem Bett, ich bin erleichtert – es geht also weiter: Ich bin zurück in der wirklichen Welt.

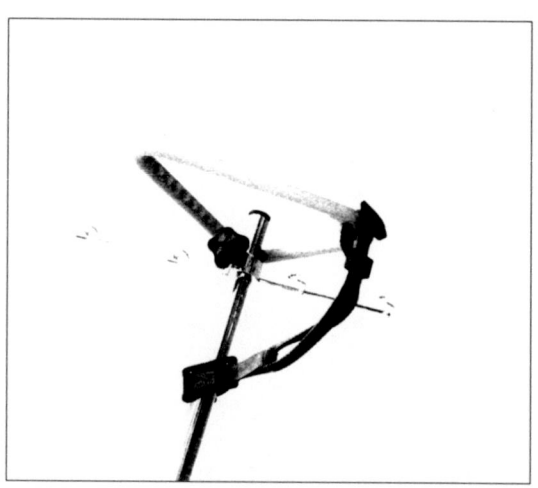

21. August
Wer verletzt ist, wird verletzbarer ...

Heute ist Dienstag, der 2. Juli 2007, 19:30 Uhr – Die Welt prallt wieder auf mich ein, nicht nur gefiltert über den an der Wand des Krankenzimmers hängenden Monitor. Ich habe es geschafft, ich werde aus dem Krankenhaus entlassen. Im Gesicht arg lädiert und nun auch noch die Verärgerung über einen arroganten Arzt in Erinnerung, der in seiner dreisten Unverfrorenheit mir kurz vor der Entlassung ins Gesicht sagt, er würde mir meine Schilderung des Unfallhergangs ja doch nicht glauben. Auf Nachfragen kanzelt er mich ab, wie er es wohl einem dreckigen, in eine Schlägerei verwickelten Penner gegenüber für angemessen hält. (Aber kein Zweifel: auch dieser hätte Respekt verdient!) Ich lasse mir diese Unverschämtheit nicht bieten und wende mich an den Chefarzt, der mir versichert: Niemand, der nicht Zeuge war, dürfte meine Schilderung anzweifeln. Eine simple Feststellung, dennoch bin ich beruhigt. Aber nun weiß ich erst recht, endlich aus der Klinik zu wollen: zurück in den eigenen Lebensrhythmus.

Nichts ist schlimmer, als ausgeliefert zu sein.

Nichts will ich weniger, als das. Da schließt sich der Kreis zu den Ereignissen vor genau einer Woche, als alles passierte: Auch die Erfahrung, *dass Verletztheit uns immer wieder erneuter Verletzbarkeit ausliefert,* bestätigt sich bis zuletzt.

Am nächsten Tag stelle ich Strafanzeige gegen die unbekannte Hundehalterin, der ich die vergangene Woche Klinikaufenthalt zu verdanken habe. Ich weiß, es wird nichts nützen: Ich habe keine Zeugen, keinen Schuldigen.

Da wird man also um eine Woche Lebenszeit betrogen und niemand ist greifbar, dem man das vorwerfen darf. Trotzdem könnte ich damit wohl leben, denn verloren ist diese eine Woche nicht wirklich: Ich habe jede Menge erlebt und am Ende auch alles ganz gut überstanden – wenn man großzügig davon absieht, dass mich auch noch Wochen danach Kopfschmerzen plagen, die Knochen unter der Gesichtshaut knirschen und Kauen nahezu unmöglich ist. Neue Erfahrungen, wie gesagt – aber geplant waren ganz andere Dinge.

Aber für diese anderen Dinge ist ab jetzt wieder Zeit. *Heute ist Dienstag, der 21. August 2007, 20:39 Uhr ... Das Jägertor und die Hegelallee in Potsdam an diesem Abend. Das wirkliche Leben, draußen ...*

22. August
Die wirklich rechte Republik

24

Abendstimmung in Deutschland, ich bin hart in der Wirklichkeit aufgeschlagen: Der deutsche Mob hetzt mal wieder, wie in Mügeln geschehen, ausländische Gäste durch die Straßen, angefeuert von Schaulustigen, denen in ihrem tristen, langweiligen Leben und ihrer eigenen Fantasielosigkeit nichts Besseres in den Sinn kommt, als mitzupöbeln – und manche Politiker stellen sich hin und behaupten öffentlich, das könne ja jedem mal passieren und habe nichts mit Fremdenfeindlichkeit zu tun.

Aber ist nicht jeder Angriff auf einen Gast, dazu gehört erst recht die mit gewalttätigen Mitteln – auch dem bedrohlichen und lautstarken Skandieren von Schlachtrufen – geführte Auseinandersetzung, *fremdenfeindlich*, weil sie dem Gast, also einem Fremden, gegenüber *ungastlich* ist, egal welcher Herkunft, welcher Farbe, welcher Ansicht er sein möge?

Und ist Gastfeindlichkeit – *Fremdenfeindlichkeit* – also nicht vor allem eine Frage von fehlendem Respekt, der unabdingbar ein Interesse am anderen Menschen und dessem anderen Leben voraussetzen würde? Entsteht Interesse nicht aus Neugierde und als Folge der Fähigkeit, nicht nur sich selbst als den Mittelpunkt der Welt und des Geschehens anzusehen? Vielmehr seine eigene Tür einem fremden Gast zu öffnen, zu zeigen, zu erleben, zu teilen?

Etwas, worüber kein Mensch redet und auch das geschah in Sachsen: Am vergangenen Wochenende haben faschistoide, *gastfeindliche* Prügelorgien gegen Besucher eines jährlichen Open Air Festivals stattgefunden.

103

Auch dabei ging es offensichtlich um die Bereinigung einer ganzen Gegend von Fremden, Fremdartigem.

Manche gewählte, sich gerne als unendlich demokratisch verstehende Politiker aber stellen sich hin und meinen, Verständnis für Gastfeindlichkeit haben zu müssen. *Und das soll also rechtens sein in dieser Republik?* Aber was wäre rechtens? Dass es endlich einmal an der Zeit wäre, einen Teil jener, die kraft ihrer politischen und wirtschaftlichen Einflüsse Meinungen bilden, zu einer Art *zivilem Jahr* zu verdonnern, bevor sie ihr Amt antreten dürften und in dem sie die Grundregeln zivilen Miteinanders lernen. Denn oft sind es jene, die sich hinstellen und nichts geahnt, nichts gesehen und nichts geduldet haben wollen, die durch ihre Ahnungslosigkeit und ihre Unbekümmertheit ein Klima mitprägen, das es wohl erst unmöglich macht, die Welt größer zu sehen, als der eigene Tellerrand vermuten lässt.

Manch einer lag einst richtig mit seiner Warnung, man möge bestimmte Gebiete meiden: *No-go-Areas.* Aber dies sollten wohl in Zukunft nicht nur Ausländer, sondern mit ihnen jeder vernünftige Mensch. Und ich finde, man sollte den Begriff der *Fremden- oder Ausländerfeindlichkeit* durch den der *Gastfeindlichkeit* ersetzen. Auch wenn das ein für News-Schlagzeilen wenig geeigneter Begriff ist.

Gastfreundschaft gehört seit Jahrtausenden zu den urbanen Verhaltensweisen funktionierender Sozialgefüge. Diese wieder zu lernen, wäre rechtens in dieser Republik.

25

24. August
Christa Wolf, späte Nachrichten.

Da habe ich es heute endlich geschafft, mir jenes letzte, seit Jahren in einer Werksammlung fehlende Buch Christa Wolfs zu kaufen: ausgerechnet *Störfall – Nachrichten eines Tages.* Nun liegt es auf meinem Tisch – auf dem Stapel ungelesener kleiner, dünner Bücher, die ich mir, wie ich merke, als Vorrat für schwere Zeiten zurechtlege, griffbereit für jene Augenblicke, in dem nur die Flucht in eng beschriebene Zeilen Zufriedenheit zurückbringen könnte: Michel de Montaigne, *Von der Freundschaft* – Donna Leon, *Mein Venedig* (nun ja …) – Anna Achmatowa, *Liebesgedichte.* Bücher, von denen ich behutsam fast jeden Tag den Staub wische – mein kleiner Schatz für bedürftige Zeiten.

Nun also landet auch *Störfall* auf diesem kleinen Stoß besonderer Gedichte, Erzählungen und Essays und doch zögere ich, darinnen zu lesen. Die alte Frage kommt wieder auf: Was bestimmt denn die Zeitlosigkeit von Literatur? Warum will ich ein Buch lesen, das vor 21 Jahren seine Brisanz hatte, das, anders als die meisten der Wolf'schen Bücher, ja in großer Nähe zum reflektierten Ereignis geschrieben wurde und nicht erst, nachdem dessen Legendenbildung längst eingesetzt hatte? Warum wird heute noch Thomas Mann gelesen – selbst für eine Neuverfilmung ist er immer noch gut, so gerade die der *Buddenbrooks,* wie zu hören ist. Warum aber lesen nur wenige (weniger, als einst) noch Heinrich Böll, warum ist er gut 20 Jahre nach seinem Tod aus vielen Buchhandlungen bis auf verstaubende Exemplare verschwunden?

Warum also *Störfall?*

llafrötSllafrötSllafrötSllafrötSllafrötSllafrötS

26

25. August
Dem Mensch vorausdenken …

Wenn es noch einen Beweis braucht, dass Hunde unabdingbar Freunde des Menschen sind, dann wohl diesen: Vieles von dem, was wir täglich tun, passiert unbewusst – eingeschliffene Handlungen, die uns längst so leichtfertig von der Hand gehen, dass wir sie kaum noch wahrnehmen. Die Gefahr ist, dass so nicht nur Unbedeutendes, Alltägliches an uns vorbeirauscht, sondern auch die Dinge, die wir wahrnehmen sollten. Das Rauschen eines Blätterwaldes, das Hilfsbedürfnis eines Freundes, die stille Freude eines Bruders.

Zen hält dagegen, für ein Leben hin zu mehr Achtsamkeit und Wahrnehmung. Mein Hund scheint mir dabei helfen zu wollen, wie ich seit heute ahne.

Da beginne ich an diesem Sonnabendvormittag auf etwas zuzusteuern, ohne mir dies schon ins Bewusstsein gerufen zu haben: Sicher, es gab einen Impuls, irgendwo ganz tief in mir muss an diesem Morgen eine Stimme gesagt haben *Los gehts!* Also schließe ich die Fenster, krame den Rucksack aus dem Schrank, ziehe die Schuhe an. Nichts davon nehme ich wahr, mit meinen Gedanken bin ich noch immer bei der gestern Abend gelesenen Erzählung. Und so laufen alle Handgriffe fast ganz mechanisch ab. Aber nebenbei fällt mir die verkalkte Armatur in der Küche auf, die ich schon längst reinigen wollte – und schrubbe sie endlich. Als ich fertig bin, nervt mich zum wiederholten Mal die im Zugwind klappernde Tür zum Arbeitszimmer – ich repariere auch sie eben mal schnell. Der Werkzeugkasten ist immer noch ein einziges Chaos – die Gelegenheit nutzend, schaffe ich endlich einmal Ordnung.

Fast eine halbe Stunde kostet mich all das. Als ich fertig bin, überlege ich, was noch zu tun sei an diesem Sonnabendvormittag. So in Gedanken versunken, überlegend, träumend, stutze ich, als ich an der Wohnungstür vorbeikomme: Dort sitzt mein Hund, den starren Blick zur Tür gewandt. Für ihn waren das Schließen der Fenster, das Kramen nach dem Rucksack und das Anziehen der Schuhe unverkennbare Zeichen. Durch nichts war er von seiner Vorfreude auf den Spaziergag im Freien abzubringen. Und so sitzt er seit einer halben Stunde – bereit, zu gehen. Erst jetzt wird mir bewusst: Stimmt, Einkaufen gehen wollt' ich.

Manchmal ist es eben doch gut, einen treuen Freund zu haben, der einen auf den rechten Weg zurückführt. Nichts anderes ist *Zen*: Iss, wenn du isst! Schlaf, wenn du schläfst! Geh einkaufen, wenn du einkaufen gehen willst. Egal, wie chaotisch es in deinem Werkzeugkasten aussehen mag.

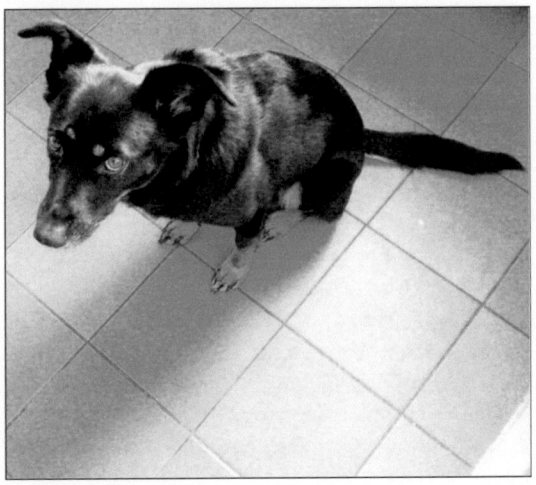

16. September
Herzflattern

Jetzt endlich geht es los, es geht auf Reisen und ich lasse mich unbekümmert darauf ein.

18. September
Venedig ist Punk

Diese Stadt hat Stil, Eigensinn, ist morbide, verfallen, harmonisch, bunt, stinkt ... Und sie steckt voller Leben und auch voller Abneigung gegen Kommerz und Tourismus. Und Venedig ist eine Hochburg des Tratsches, der Intrigen und der Doppeldeutigkeit ... Hört man ... (Niemand tratscht mehr, als ein Punk, wenn er besoffen ist: über Gott und die Welt und Kapitalismus und den doch nie erlebten Sex.)

Was, wenn das Fremdeste in dieser fremden Stadt *Venedig* nichts weiter wäre, als die Angst, festen Boden unter den Füßen zu verlieren – das alltägliche Grauen zu spüren und den letzten Rest an Bodenhaftung vom allgegenwärtigen Wasser hinweggespült zu sehen?

Was bringt mir diese Stadt, wenn ich sie dann endlich einmal erleben werde? Werde ich mich vor allem daran gewöhnen müssen, auch auf glitschigem Boden ungehindert vorankommen zu können? Wird also, was Lebensmaxime von Jahren ist, so zum ersten Mal in Wirklichkeit gelingen?

Ich sehe mich schon in Gummistiefeln über die bei Hochwasser – *Aqua Alta* – aufgebauten Laufstege hangeln. Dann wäre eine Stadt wie Venedig eine Lebenshilfe, um laufen zu lernen auf ungewissem Grund – jene Facetten meiner venezianischen Träume dabei immer im Rücken: Das gleisende Licht der mittelalterlichen Silhouette und das Dunkle, Schlammige der verschlungenen Kanäle würden mich – himmelhoch jauchzend, zu Tode betrübt – in dieser Stadt umgarnen.

Und bei allem wäre ich auf eine faszinierende Weise enttäuscht von der Wirklichkeit: In profanen Gummistiefeln, mit klatschnassen Socken, die angebetete Stadt *Venedig* auf der Suche nach ihrer Seele durchstreifen zu müssen. Aber auch so wäre ich auf dem richtigen Weg, das eine Leben gegen das andere tauschen zu können. Endlich.

19. September
Schwankend laufen lernen

Der Tagestrip, zu dem ich mich mit M., einem Freund, während eines Bike-Urlaubs in den Dolomiten entschließe, reicht: Die erste Berührung ist eklatant, die Stadt empfängt uns mit Regen, der alles grau färbt. Licht, Wasser und die Morbidität allen Steins werden eins. Venedig stirbt in einer grandiosen Selbstinszenierung, angefeuert von lärmender Touristenmagma, die sich tags durch die Gassen wälzt, alle Gespräche der Venezianer dämpfend. Nur abseits strahlt die Stadt eine fast sanfte Ruhe aus. Und selbst wenn marktschreierisches Geplänkel aufkommt, scheint es zur richtigen Zeit inszeniert. Wir alle brauchen, was wir erwarten.

Plötzlich aber, so von Wasser umgeben, spüre ich die alte Angst: Was, wenn riesige Wellen vom Meer her in die Stadt drücken? Wohin rettet man sich, wenn doch notwendig wäre, wonach es ein halbes Leben verlangt: Sich endlich den Fluten zu stellen? Dann: Szenen aus Phuket. Die Erinnerung, stundenlang schluchzend vor diesen – damals unsere mediale Wahrnehmung bestimmenden – Bildern gelegen zu haben, bis die eigene *Angst vor allem Wasser* offenkundig wurde. Als Beweis mag jene erinnerte Szene vor unzähligen Jahren dienen: ein kleiner Junge, spielend am Wehr einer wilden Badestelle. Die riesigen Betonplatten, an denen Wasser hinabrauscht und die – wie soll man es wissen mit sieben Jahren – niemals Halt bieten konnten: nass und glattgeschliffen. Bis der Junge, unvorsichtig geworden, festklemmt zwischen dem nachdrückenden Wasser von oben und den tosenden Strudeln zu seinen Füßen. Hilflos. Das Bild der Mutter, bis auf die Haut entblößt, weil selbst das Unterkleid als rettende Schlaufe dienen muss.

Dahinter die Gaffenden und immer wieder dazwischen auch jener dunkelhaarige, gut gekleidete, aber tatenlose Mann – gesichtslos in der Erinnerung – auf dessen Hilfe man vergebens hofft. Was, wenn die Lust, sich der gefluteten Stadt Venedig hinzugeben – wenn das Verlangen, endlich allein auf unsicherem, glitschigem, schwankendem Boden gehen zu können, vor allem die endgültige Abkehr vom eigenen – Jahrzehnte schmerzhaft vermissten – Vater wäre, dessen Hilfe man nie bekam?

Auf der Rückfahrt sitzen M. und ich in einem Regionalzug der italienischen Bahn, der uns durch das nächtliche Italien zurück an den Gardasee bringt. Der Traum wird unterbrochen von Alltäglichem. Wir lesen deutsche Zeitungen – noch immer ungläubig, sie tagesaktuell in der Hand zu halten, als wäre Italien, nun ja, das Ende der Welt.

Später sitze ich allein in einem Bistro im Bahnhof von Verona, es ist gegen 9 Uhr abends. Da bin ich also in Verona, der Stadt der Liebenden seit Shakespeares *Romeo und Julia* – und sitze … im Bahnhof. Allein.

Der Tag war anstrengend. Ich brauche Schokolade und eine Cola, um auf die Beine zu kommen – schreckliches Zeug, aber es passt zum Ambiente. Das Bestell- und Bezahlprozedere in dem kleinen Laden erinnert mich überraschend an Russland, an Moskau – zwanzig Jahre ist es her, seit ich jene Stadt das letzte Mal sah, aber die Vorgänge haben sich eingeprägt: Hier zahlen, dort anstellen und empfangen. Umständlich, unnötig. Sich gleichende Vorgänge, nur statt Kwas gibt's Cola. Aber haben wir es denn nicht immer darauf abgesehen, was uns fremd erscheint, zu vergleichen, nur um es – sortiert – wegstecken zu können? *Wie in … wie damals … auch nicht besser, als in …*

Aber auch hier ist nur Alltag. Was ich von Verona, in der Kürze des Aufenthalts bis zur Weiterfahrt, sehe, ist wenig und real und weit weg von *den* Liebenden auf einem Balkon, von *Romeo und Julia*. M. ist irgendwo in einer Reiselounge verschollen.

Ich bin überrascht, mich nicht einsam und verloren zu fühlen, eher vertraut. Bahnhöfe funktionieren, egal wo, überall gleich. Als ich M. später finde, bin ich aber doch froh, nicht länger so allein in der Fremde sein zu müssen.

20. September
Überleben am Abgrund

Später kommen mir Ideen: Venedig als Ort für die Geschichte meines nie gekannten, am D-Day verschollenen Großvaters. Was, wenn meine Großmutter tatsächlich recht gehabt hätte, dass er nie an irgendeiner Front gefallen wäre, sondern sich stattdessen, mitten in seinen besten Mannesjahren, hier in Venedig verkrochen haben könnte – einfach, weil er, wie man es damals verstand: desertierte – um nicht zu seiner Frau ins Deutschland der zweiten Weltkriegsjahre zurückkehren zu müssen? Dass er also in Venedig versucht haben könnte, von Wasser umgeben, zu leben, so geschützt und isoliert zugleich – in einer Stadt, die in den Träumen von uns Menschen Zärtlichkeit, entrücktes Leben, in den glücklichsten Momenten auch tiefste Liebe, heißen kann. Also Fluchtpunkt für alles, was weniger glücklich ist, erst recht in Kriegszeiten.

Ausgerechnet in Venedig also würde der Groß-vater meiner Fantasie in überbordender Flitter-wochenharmonie sein Leben beschließen, weil er eine junge, gut aussehende Frau kennengelernt hatte? Dann würde die Weltgeschichte – meine Welt-*geschichte* – des Jahres 1944 ihn an den besten Ort verbracht haben, der vorstellbar wäre, um alles bisher Gewesene vergessen zu machen: vor allem, dass er Jahre zuvor als Lanzer in einen Krieg gezogen war, der noch immer um ihn herum tobte. Aber auch, dass eine Frau zu Hause auf ihn wartet, die er vor Gott getraut hatte und die er nun in Venedig, an der Seite einer anderen Frau, vergessen würde.

Was ist das Ende einer Geschichte, wie schält sich etwas heraus? Woraus entstehen Ideen und was bleibt von ihnen übrig? Anfangs gibt es vielleicht nur eine simple Frage: Warum erklärt eine Frau ihren Mann – gefallen an der Front des zweiten Weltkrieges – bis zu ihrem eigenen Sterben nicht für tot? Warum gibt sie die Hoffnung auf ihren Mann, meinen Großvater, nie auf?

Aus dem Nachdenken darüber und weil dies keine vernünftige Antwort erbringt, entsteht also jenes Spiel mit Figuren und Schauplätzen, das den Weg für Erzählungen oder Romane frei macht. Schreiben wird zur Möglichkeit zu verstehen, was sich uns in der Wirklichkeit verschließt. Fragen drängen sich auf. Was wäre wohl, hätte jene – nehmen wir ruhig an: daheim sitzen gelassene – Frau tatsächlich Recht behalten: Dass der noch immer geliebte Mann am Leben geblieben wäre, dass es aber längst nichts mehr gab, was ihn jemals wieder zu der wartenden Ehefrau *heim ins Reich* hätte zurück-bringen können? Schließlich bleibt die Frage, ob man im Leben nicht auch viel eher für Harmonie und romantische Verklärung geboren sein könnte?

Die simple Geschichte einer unglücklichen, unvoll-
endeten Liebe in Venedig, für den desertierten
Lanzer nur möglich im Versteck- und Schat-
tenspiel mit seiner heimlichen italienischen Gelieb-
ten – wird plötzlich zum Frage und Antwortspiel:
Sind wir nicht vielleicht doch abhängig von einer
Art Schicksal, das uns nicht gönnt, was es anderen
gönnt? Stimmt es, dass ein Ort, eine Situation
nicht – von wem auch immer – gegebenes Glück
bedeutet, dass unser Leben und unsere Ver-
schränkung mit den Leben anderer es ist, dass uns
dieses Glück an einem dieser Orte gewährt oder
eben nicht. Sollte das Unglaubliche wahr sein, dass
eine heimliche Liebe in Venedig – anders, als alle
bisherigen Lieben – zur Tortur werden konnte?

Auch, dass es nie aufhören wird mit Geschichten
in diesem Kopf und auch: dass – was einen umgibt
– einen immer wieder auf eine zwanghafte Weise
dazu anhalten wird, alle Dinge zu sich selbst in
Beziehung zu setzen. *Schreiben* als ein Aufarbeiten
von Beziehungen zwischen sich und der Welt.

30. September
Bohrende Fragen

Aus Venedig zurückgekehrt, nehme ich noch einmal *Profane Freundschaft* von Harold Brodkey zur
Hand. Jenen beschriebenen Versuch, in einer
Freundschaft auszuleben, wozu das alltägliche
Leben selten Raum lässt: Nähe, Vertrauen, Akzeptanz, Respekt. Mir geht die Frage durch den Kopf:
Woher kommt dieses Wort *Freundschaft* eigentlich?
Und: Woher kommt dieses scheinbar unauslösch-
bare Verlangen nach einer solch unalltäglichen Art
des Miteinanders: dem anderen so nah sein zu wollen, dass er dir vertraut, dass seine Akzeptanz
deinen Respekt bedeutet.

2. Oktober
Tödliche Freundschaften?

Warum sucht man nach *Freundschaften*? Gibt es jene *Freundschaft bis in den Tod* wirklich, im wahrsten Sinne des Wortes? Stimmt es denn, was man sich im Überschwang der Gefühle verspricht und doch nur selten in verbindliche Worte fasst, um zu vermeiden, es auf diese Weise für alle hörbar auszusprechen? Und das man stattdessen lieber nur denkt und deswegen erst recht – wie alles in den engen Raum der Fantasie beschränkte – umso gewaltiger meint. Mit der Folge, es dann auch umso bedrückender als Last zu empfinden?

10. Oktober
Fatale Versprechungen

Leichtfertig und schnell ist dahin gesagt, einander Freund bis in den Tod zu sein. Leichtfertig wird allerdings auch mit der Möglichkeit umgegangen, dies tunlichst zu vermeiden. Und so hat sich leider manchmal das Versprechen, einander bis in den Tod zu vertrauen, auch bewahrheitet. Die Folgen waren immer unglücklich. Dass nämlich Freunde sich einander so sehr zu hassen gelernt haben, dass sie sich gegenseitig abgeschrieben oder am Ende gar ausgelöscht haben. Dass sich der eine um des anderen willen erhängt, ertränkt, erschossen hat. Aus Enttäuschung oder aus Verrat, aus Verletztheit oder gar, um aus eigener Kraft den anderen zu verletzen. Oft auch, jedenfalls früher und jedenfalls in militärisch geprägten Strukturen, also aus verletztem Ehrgefühl. Und nicht selten auch nur, weil Freunde sich aneinander messen wollten, wer der Stärkere sei und wer der Gedemütigte. Immer in jenen Momenten, verkam Freundschaft zu einer

115

Spielwiese des Lebens, auf der Menschen – oder sagen wir weniger pathetisch: Freunde – geopfert wurden. Getrieben in den frei gewählten Tod, weil sie Hilfe von den Vertrautesten, eben von jenen, von denen sie sie am ehesten erwartet hatten, nicht bekamen. Weil sie, die ehemaligen Freunde, gedemütigt, fallen gelassen, ignoriert wurden. Weil sie alle in der *vermeintlichen* Freundschaft nie einen wirklichen Freund besaßen.

12. Oktober
Beschwichtigung

Das Ende – das Sterben – einer Freundschaft durch den Weggang oder gar den Tod eines Freundes ist kein gefühlvollerer Vorgang oder ist gar sentimentaler, als dies sonst in irgendeiner mitmenschlichen Beziehungen zu erwarten wäre. Freundschaft ist nicht freier, aber auch nicht praller an Gefühlen, Versprechungen, Enttäuschungen, Hoffnungen als gewöhnliches Leben. Es scheint, als verdiene es jene oft beschworene *Freundschaft bis in den Tod* nur dann auch tatsächlich *Freundschaft* genannt zu werden, wenn sie selbst jenen prophezeiten Tod nie wirklich erleben muss.

Dass sie das eigene Ende gleichwohl dennoch erleben kann und in Jahrhunderten bereits hunderttausendfach erlebte und weiter erleben wird, gehört dazu. Erlebnisse sind vergänglich, Menschen sowieso. Freunde erst recht.

15. November
Fließen lassen

Das Schreiben eines solchen Tagebuches kann mehr als nur das Berichten über Ereignisse sein. Es kann sehr gegenwärtiges Denken werden, wenn Sätze so in die Tasten fließen, dass sie kaum noch bearbeitet werden müssen. *(Was nicht ausschließt, dass spätere Leser gegenteiliger Meinung sind.)* Je schneller Finger über eine Tastatur fliegen, umso mehr fließen Denken und Schreiben ineinander.

Endlich habe ich einen Titel für das geplante Buch: *Blogistiv 1.0* – unser Leben wird unübersehbar *blogistiver*, jene auf *Web 2.0* basierende Form der Kommunikation mit allem, was uns umgibt, greift um sich. Ein Netzwerk aus Informationen, Erlebnissen, Bildern, Stichworten – Tags – oder Querverweisen, Kontakten bestimmt unser Leben.

22.Dezember
Ein Herz gefasst

Das Jahr geht zu Ende, Zeit für Gutes. Zeit für Dinge, die wir ewig vor uns herschieben. Ich habe mir also heute das erste Buch aus einer seit Jahren in meinem Regal stehenden zehnbändigen Ausgabe von Günter Grass gegriffen. Irgendwann hatte ich die einem guten Freund abgekauft, der die Romane, Novellen, Gespräche und Essays allerdings so wenig gelesen haben muss, wie zuvor sein Vater, in dessen Nachlass er die – trotz der fast fünfzehn Jahre immer noch erstaunlich ungefledderten – Taschenbücher vorgefunden hatte. Nun also liegen die Bücher auf meinem Tisch und ab heute *Katz und Maus* beim Lesen zwischen meinen Händen. Worauf lasse ich mich nur ein, denke ich beim ersten Durchblättern.

31. Dezember
Was bleibt

Was bleibt am Ende eines solchen, in Erinnerungs-
splittern vorbeiziehenden Jahres?

Günter Grass habe ich doch wieder nicht gelesen
und stelle *Katz und Maus* noch einmal bis zum
nächstes Jahr zurück ins Regal. Dann: Ein einge-
stelltes Ermittlungsverfahren gegen Unbekannt,
gegen jene Unfall verursachende Hundehalterin
vom Juni, die mir eine Woche Krankenhaus-
aufenthalt bescherte, war auch zu erwarten.

Vor allem aber: *Schreiben* geht weiter.

Irgendwann in jenem vergangenen Jahr habe ich
bei *Christa Wolf* gelesen (in: *Der Worte Adernetz*), wie
betrübt sie sei, dass die 1990 nach schwerer Krankheit verstorbene *Irmtraud Morgner* fast gänzlich aus
dem Bewusstsein der Öffentlichkeit, jedenfalls der
wahrnehmenden, verschwunden sei. Am Ende des
Jahres sitze ich also an einem verregneten Sonn-
abendnachmittag vor meinem Minirechner und
schaue mir, mittlerweile nur noch das Weltweitnetz
nutzend, ein paar geballte Sendungen LESEN! an.
(Auch das haben die Jahre mit sich gebracht:
Längst ist der Fernsehapparat getauscht gegen den,
auf Abruf mit mir kommunizierenden, Weltweit-
netz-Anschluss) Ich klicke mich also auf den
zweiten öffentlich rechtlichen Sender ein und staune nicht schlecht: Da wird jene *Irmtraud Morgner*
tatsächlich von einer der Gäste vehement ange-
priesen und uns Zuschauern ans Herz gelegt. Die
einen (die aus dem Osten) staunen nicht schlecht,
dass eine Ostautorin späte Genugtuung findet. Die
anderen (die aus dem Westen) staunen nicht
schlecht, dass die medial präsente Verlegerin eines
emanzipierten westdeutschen Frauenjournals sich

27

28

so sehr als Fürsprecherin ostdeutscher Literatur outet. Gut so, denke ich, wieder etwas, das oben und unten, links und rechts, Nord, Süd, Ost und West, in diesem Land vereint.

Und ich denke: *Schreiben* ist nicht umsonst. Aber der Tod – wider Erwarten – wohl auch nicht. Das ganze Spiel geht immer weiter. Es gibt immer noch ein *Danach*, in dem irgendjemand irgendetwas über dich quatscht …

Quellen & Anmerkungen

1   Gemeint ist der *Ruinenberg* in Potsdam, nahe dem *Park Sanssouci*

2   Mehr Informationen zum Roman *Abriss Leben* gibt es auf *www.abrissleben.probelesen.info*

3   Der Autor war vor unzähligen Jahren in Südamerika. Der Geruch, der von jenen typischen Straßenständen ausging, an denen die einheimische Delikatesse *gebratene Meerschweinchen* verkauft wurde, ist unverkennbar und mit nichts hier vergleichbar.

4   Haiduk, Dietmar, *Mein Sommer mit Marleen* / erschienen 2007, Books on Demand GmbH, Norderstedt / mehr auf *www.marleen.probelesen.info*

5   Das Foto entstand am 10. Oktober 2007 / Brandenburger Straße, Potsdam

6   Siehe: Donna Leon: *Feinde Freunde, Commissario Brunettis neunter Fall* / ARD, 2004

7   Piazza di San Marco in Venedig

8   Die aus dieser Beobachtung entstandene Geschichte *Adieu, mon ami* ist erschienen in: *Mein Sommer mit Marleen*. Bewunderung ist dort festgehalten für ein Haus, das vielleicht gar nicht abgerissen wurde, sondern einfach nur auf Reisen ging, weil es genug hatte, über einhundert Jahre am selben Platz zu stehen.

9   Siehe: Auster, Paul, *Musik des Zufalls* (rororo 22101 / 1996)

10   Am 16. April 2007 massakrierte ein Student Kommilitonen, Mitarbeiter und Dozenten an einer Universität in Blacksburg, USA. Er hatte seine Tat vorher im Weltweitnetz angekündigt, aber keiner wollte etwas davon wissen.

11   Siehe: Wolf, Christa, *Leibhaftig*, Luchterhand, 2002

12   aus: Karoline von Günderrode, Die Einzige / in: Wolf, Christa, *Schatten eines Traumes*, Buchverlag Der Morgen, 1979

13   Vergl.: Brodkey, Harold, *Profane Freundschaft*, in: *Venedig*, Rowohlt, Reinbek bei Hamburg, 1997, S. 67

14   Mit der Installation belegte Stefano Bombardieri aus Italien den 2. Platz beim 1. Potsdamer Kunstpreis 2005.

15   Vergl. Epikur, Philospohie der Freude, Alfred Krömer Verlag Stuttgart 1973, S. 74

16   Im Sommer 2007 fand in Heiligendamm, in der Nähe von Rostock, das G-8-Treffen der führenden Weltwirtschaftsmächte statt.

17   Vergl.: Brodkey, Harold, *Profane Freundschaft*, Rowohlt, Reinbek bei Hamburg, 1994, S.539 f.

18   *Die fetten Jahre sind vorbei* (Regie: Hans Weingartner, Deutschland, 2004)

19   Siehe: Coetzee, J.M., *Eiserne Zeit*, Fischer TB Verlag Nr. 15505, Frankfurt am Main, 2002

20   Aus: *Zimmer der Tränen* (Theaterstück, Prolog, unveröffentlicht)

21   Gegen das G8-Treffen in Heiligendamm fanden im Sommer 2007 massive Demonstrationen in Rostock statt.

22   Vergl. Kleist, Heinrich v., *Michael Kohlhaas*, Insel-Bücherei Nr. 161, Leipzig, 1977

23   Schattenbildern auf dem *Brockschen Palais* in Potsdam, am Stadtkanal

24   In Mügeln werden im Sommer 2007im Laufe eines Stadtfestes mehrere Ausländer von einem aufgebrachten Mob durch die Straßen gejagt und angegriffen.

25   Mit dem Begriff *No-Go-Areas* warnte 2006 Uwe-Karsten Heye vor bestimmten, für Ausländer gefährlichen Gebieten in Deutschland

26   Siehe: Wolf, Christa, *Störfall - Nachrichten eines Tages,* Luchterhand 2001

27   Vergl. Wolf, Christa, *Der Worte Adernetz*, Suhrkamp, Frankfurt am Main, 2006, S. 140 f.

28   Bezieht sich auf eine Diskussion zwischen Alice Schwarzer und Elke Heidenreich in der ZDF-Sendung *Lesen!*, 2007

Einige der hier abgedruckten Texte sind auf den folgenden Webseiten und Weblogs zu finden:

dietmar haiduk.de
blog.dietmarhaiduk.de
marleen.probelesen.info
zimmer.probelesen.info
blogistiv.probelesen.info
abrissleben.probelesen.info
probelesen.info
hevents.de
himmel-über-potsdam.de

Anmerkungen zu den Texten sind gern erwünscht unter *blogistiv@probelesen.info*

Dietmar Haiduk
Mein Sommer mit Marleen
Erzählungen, BoD

2007 Hardcover/2008 Taschenbuch
Bestellung in jeder Buchhandlung
oder im Internet möglich
Leseprobe: www.marleen.probelesen.info